名誉主编／饶宗颐

历史地理篇

马彪　张伟国等／著

华夏出版社
HUAXIA PUBLISHING HOUSE

图书在版编目（CIP）数据

经典之门.历史地理篇/马彪等著 . -- 北京 : 华夏出版社 , 2019.10
ISBN 978-7-5080-9756-5

Ⅰ.①经… Ⅱ.①马… Ⅲ.①古籍－汇编－中国②历史地理－古籍－汇编－中国 Ⅳ.① Z422 ② K928.6

中国版本图书馆 CIP 数据核字 (2019) 第 092956 号

著作财产权人 ©2017 中华书局（香港）有限公司

本书中文繁体字版本由中华书局（香港）有限公司在香港出版，今授权华夏出版社在中国大陆地区出版其中文简体字版本。该出版权受法律保护，未经书面同意，任何机构与个人不得以任何形式进行复制、转载。

版权所有 翻印必究
北京市版权局著作权合同登记号：图字 01-2018-7342 号

目 录

序

饶宗颐 序／中国梦当有文化作为 —— 001

陈耀南 序／中华经典古，今人惠泽新 —— 007

李焯芬 序／现代人为什么要读经典 —— 011

历史

《左传》导读
阐春秋大义，美千古文章　单周尧　许子滨 —— 002

《战国策》导读
纵横决荡，问鼎中原：《战国策》中的变法、战争及兴亡　陈岸峰 —— 026

《史记》导读

　　司马迁的盛世之忧与庶民情结　马彪 —— 078

《汉书》导读

　　唯一一部出自家学的断代史「正史」　马彪 —— 108

《后汉书》导读

　　「前四史」中成书最晚而颇多创新的《后汉书》　马彪 —— 128

《三国志》导读

　　千古风流话三国　张伟保 —— 150

《贞观政要》导读

贞观君臣为政安邦的核心思想 罗永生 ———— 164

《资治通鉴》导读

一部经典的诞生 —— 张伟保 ———— 180

地理经济等

《山海经》导读

论《山海经》与中西神话的比较 黄正谦 ———— 206

《盐铁论》导读

干预主义与反干预主义：《盐铁论》中的经济思想 赵善轩 ———— 258

各类别下之经典按其成书时代排序。

跋

《人物志》导读

　　且让骏驹驰大漠，莫教驽马骋沙场：从管理学

　　与哲学角度看《人物志》　关瑞至　　　　　　　284

《水经注》导读

　　中华大地的血脉　张伟国　　　　　　　　　　　328

为读者开启通往传统经典的大门　　　　　　　　　　343

中国梦当有文化作为

饶宗颐 序

二十一世纪是我们国家踏上"文艺复兴"的新时代，中华文明再次展露了兴盛的端倪。我们既要放开心胸，也要反求诸己，才能在文化上有一番"大作为"，不断靠近古人所言"天人争挽留"的理想境界。

二〇〇一年，我在北京大学的一次演讲上预期，二十一世纪是我们国家踏上"文艺复兴"的新时代。而今，进入新世纪第二个十年，我对此更加充满信心。

现在都在说"中国梦"，作为一个文化研究者，我的梦想就是中华文化的复兴。文化复兴是民族复兴的题中之义，甚至在相当意义上说，民族的复兴即是文化的复兴。"天行健，君子以自强不息。"我们的文明，是世界上唯一没有中断过的古老文明。尽管在近代以后中国饱经沧桑，但历史辗转至今，中华文明再次展露了兴盛的端倪。

推动文化的复兴，我辈的使命是什么？我以为，二十一世纪是重新整理古籍和有选择地重拾传统道德与文化的时代，当此之时，应当重新塑造我们的"新经学"。我们的哲学史，由子学时代进入经学时代，经学几乎贯彻了汉以后的整部历史。但五四运动以来，把经学纳入史学，只作史料看待，未免可

惜，也将经学的现实意义降到了最低。现在许多简帛记录纷纷出土，过去自宋迄清的学人千方百计求索梦想不到的东西，而今正如苏轼所说"大千在掌握"。我们应该如何善加运用，重新制订新时代的"经学"，并以之为一把钥匙，开启和光大传统文化的宝藏？长期研究中，我深深感到，经书凝结着我们民族文化之精华，是国民思维模式、知识涵蕴的基础，是先哲道德关怀与睿智的核心精义、不废江河的论著。重新认识经书的价值，在当前有着重要的现实意义。甚至说，这应是中华文化复兴的重要立足点。

"经"的重要性自不待言。因为它讲的是常道，树立起真理标准，去衡量行事的正确与否，取古典的精华，用笃实的科学理解，使人的生活与自然相协调，使人与人之间的关系臻于和谐的境界。经的内容，不讲空头支票式的人类学，而是实际受用有长远教育意义的人智学。

"经"对现代社会依然很有积极作用。汉人比《五经》为五常，《汉书·艺文志》更把《乐》列在前茅，乐以致和，所谓"保合太和"，"致中和，天地位焉，万物育焉"，"和"体现了中国文化的最高理想。五常是很平常的道理，是讲人与人之间互相

亲爱、互相敬重、团结群众、促进文明的总原则。在科技发达、社会巨变的时代，如何不使人沦为物质的俘虏，如何走出价值观的迷阵，求索古人的智慧，应能收获不少有益启示。

西方的文艺复兴运动，正是发轫于对古典的重新发掘与认识，通过对古代文明的研究，为人类知识带来极大的启迪，从而刷新人们对整个世界的认知。中国近半个世纪以来地下出土文物的总和，比较西方文艺复兴以来考古所得的成绩，可相匹敌。令人感觉到有另外一个地下的中国——一个在文化上鲜活而又厚重的古国。对此，我们不是要照单全收，而应推陈出新，与现代接轨，把前人保留在历史记忆中的生命点滴和宝贵经历的膏腴，给予新的诠释。这正是文化的生命力所在。

二十世纪六十年代，我的好友法国人戴密微先生多次说，他很后悔花了太多精力于佛学，他发觉中国文学资产的丰富，世界上罕有可与伦比。现在是科技引领的时代，但人文科学更是重任在肩。老友季羡林先生，生前倡导他的天人合一观。以我的浅陋，很想为季老的学说增加一小小脚注。我认为"天人合一"不妨说成"天人互益"。一切的事业，要从益人而不损人的原则出发，并以此为归宿。当

今时代，"人"的学问比"物"的学问更关键，也更费思量。

作为一个中国人，自大与自贬都是不必要的。文化的复兴，没有"自觉""自尊""自信"这三个基点立不住，没有"求是""求真""求正"这三大历程上不去。我们既要放开心胸，也要反求诸己，才能在文化上有一番"大作为"，不断靠近古人所言"天人争挽留"的理想境界。

郑炜明博士整理

载《人民日报》二〇一三年七月五日五版

陈耀南 序

中华经典古，今人惠泽新

现在，几乎人人都有一部智能手机，日新月异、奇妙无比了，还读什么"经典"——尤其是中国的经典？

是的，近代中国的学术文化，比起西方先进，表现了若干方面的落后；不过，有史以来，中国也曾有不少超前——而且，无可否认，有些还具备永恒价值，可说万古常新。谁说中国人不能"穷、变、通、久"，"贞下起元"，再开新路？

中国是如此广土众民，历史持续而悠久，影响深远而重大——所谓"文化""文明""开物成务""兴神物以前民用"……所谓"志道、据德、依仁、游艺"，"知命守义"，"忠恕"……所谓"有无相生""正反相成""致虚守静""见素抱朴"等等出于华夏哲人，以至初兴于天竺而发扬光大于中土高士的"五蕴皆空""慈悲喜舍"，减除因生死人我差别而致的大苦大痛，种种现代更觉迫切珍贵的智慧理念，就是出于或者持久普及于中国经典。对这一切，我们怎可视而不见、习而不察、有而不珍？今日今时，凤凰火浴，重新振起，腾飞世界，造福人类，岂不是有心人之所同盼、有目人之所共睹？

更何况，即使"世界市场"之类意义暂且不谈，"中文""中国"，对我们来说，毕竟是水之有源、木之有本，谁可以——怎可以——真的斩断？

所以，中华文化经典，不可不爱护、学习，不可不继承、推广！

所谓"经典"，就是经历了无数考验，仍是大家心悦诚服、可资指导言行的文字记载。泛观博览、精细研究这些记载，我们可以了解人性人情、洞明世务（特别是中华文化精神），于是知所选择继承、发扬光大；并且，目染耳濡，用语行文，我们提升了吸收与表达能力，增加了智慧与乐趣——这些，我们可以从三方面再加阐发：

首先，"天地之大德曰生"——"德"者，性能、作用——作为万物之灵的人类，更能理性自觉地、不懈追求幸福地生存与进步。为此，物质与精神各方面的生活质素就得以继续提升，表现为器材技艺、经济政治、法律道德、哲学宗教等等，由外在而内心的种种文化现象与成绩，而记录于人类特有的文字，集结、精选，就成为"经典"，此其一。

其次，在文化的累积与发展中，人们研究、发现、掌握多变现象背后不变（起码是相对稳定）的道理规律，于是执简驭繁，这就是中国古人所谓"易简而天下之理得"——诸如：友爱亲情之可珍、斗争仇恨之可惧、良辰好景之可幸与可喜、天道命运之可信或可疑。诸如此类，是否"太阳之下无新事"？是否

不管如何，都"前事不忘，后事之师"？此其二。

第三，"时有古今，地有南北，字有更革，音有转移，亦势所必至"，明朝学者陈第的专业心得也好，希伯来古代智慧"巴别塔"典故的喻示也好，人类语文的演化与分歧，是人所共知的事实。不过，人又有神奇的学习与沟通能力，透过翻译和解说，古与今，中与外，隔膜就得以消除，文化就得以交流、承继。特别是我们的汉字中文，"金入洪炉不厌频"，经过百多年来严苛的怀疑、轻蔑、考验、批评，它难得的精简与稳定特质，与口头汉语适切配合的优点，理应更受珍视。透过视野的扩大与适当的更新，认真而合时的译解，文、史、哲、教种种范畴的华夏经典，垂世行远，光大发扬，就在于今日！

中华书局（香港）有限公司"新视野中华经典文库"，数载有成，业绩彪炳，现在把"文库"中五十种书的导读合编为一集，以利参考、观览，就如从上古到近世《七略·六艺志》《隋书·经籍志》《四库提要》的贡献与功能，实在是嘉惠士林、功在社会。笔者有附骥之荣，谨致芜辞，诚为之贺！

陈耀南于悉尼

二〇一六年五月三十日

李焯芬 序

现代人为什么要读经典

英国牛津大学有位历史学家，名叫汤因比（Arnold Toynbee，一八八九——一九七五）。他著作等身，代表作是十二卷的《历史研究》（*A Study of History*）；书中深入分析了人类文明的历史进程。学界一般认为他是二十世纪最伟大的历史学家。二十世纪七十年代，汤因比在他晚年的一些著作和访谈中，不时谈到他对二十一世纪人类社会的一些预测和忧虑。他在分析文明史的基础上，预见到二十一世纪的人类社会科技不断进步，物质生活非常丰富；但人会变得越来越以自我为中心，越来越自私，物质欲望不断膨胀。这将对地球的自然资源造成越来越大的压力；而人与人之间、族群与族群之间的冲突亦越来越尖锐。从人类文明可持续发展的角度看，汤因比认为二十一世纪的人类社会需要重新审视并践行中国传统文化的价值观，特别是儒家思想与大乘佛教。

四十年后的今天，我们重温汤因比的这些预言，不无感触。过去的教育，既重视知识的传播，亦同时重视人的教育，特别是品德的熏陶。今天的教育，基本上以知识教育为主导。知识的不断膨胀，造成了越来越多的新科目，以及永远也教不完的新课程。展望将来，网络教育（e-learning；mobile

learning）的比例会越来越重。同学们忙于低头看他们的手机或 iPad，从中汲取他们所需要的各种知识或讯息。君不见：一家人外出吃顿饭，各人在饭桌上往往忙于看自己的手机，闲话家常式的分享明显减少了。不少教育界的同工对如何在网络时代推行德育（或人的教育）感到困惑。这不啻是汤因比所预见的现代人越来越以自我为中心、人与人之间关系越来越疏离的现象。汤因比的命题是现代人如何在物质文明与精神文明之间取得更合理的平衡。从现代教育的角度看，则是如何在知识教育与人的教育之间取得更合理的平衡。

汤因比认为人类社会要持续发展，就必须处理好这些失衡的现象。而儒家思想和大乘佛教正可以帮助二十一世纪的人类社会在物质文明与精神文明之间取得更均衡、更和谐的发展；从而让现代人生活得更有智慧、更称意、更自在。我们回顾中古时代的欧洲，文艺复兴让当时的欧洲人生活得更有智慧，思想更开放和活跃，因而成就了后来的工业革命、科技不断进步和强大的欧洲。正如饶宗颐教授所指出的，促进欧洲文艺复兴的正是欧洲人对重新研读古希腊、罗马经典的兴趣和热潮。欧洲人从经典中得到了无穷智慧以及发展的动力。

就在这个有趣的历史时刻，基于出版人的文化使命感和社会承担，中华书局（香港）有限公司出版了一套五十本的"新视野中华经典文库"；并把每本的导读抽出、结集成为这套名为《经典之门：新视野中华经典文库导读》的集子，作为阅读经典的入门书。书中的每一篇经典导读，均是针对现代人对经典智慧的需求而写成的，因此既具现代视野，亦契合现代人的需要。

汤因比预见了中华经典智慧对社会的价值。从个人的角度看，中华经典智慧亦能帮助现代人更好地面对社会的种种压力，妥善处理好各种矛盾，从而让大家生活得更称意、更自在。我们今天的社会，竞争比以前更激烈，生活和工作压力比以前更大。单以香港为例，二十世纪六七十年代的香港只有二三千大学生。今天香港大学生逾十万。不但毕业后找工作比从前难，连升职亦比从前难。我们的许多大学毕业生，很少有下午五点钟下班的，经常是傍晚七点或更晚才能下班。有人回家以后还要用手机或计算机继续工作。中华经典中有不少人生智慧，可以帮助我们更坦然地应付这些生活和工作中的压力和挑战，更善巧地处理好人际关系，帮助我们走上事业成功的坦途，同时获得别人的尊敬、精

诚合作和支持。换句话说，研习中华经典，可以补现代知识教育的不足，让我们除了现代专业知识之外，还具有人生智慧，懂得待人接物，事业上更成功，生活得更幸福快乐。

中华经典智慧，无论是对人类社会的未来，抑或是对个人的成功和幸福，都具有巨大的价值和意义。

香港大学饶宗颐学术馆馆长　李焯芬
二〇一六年六月

苯出

《左传》导读

阐春秋大义，美千古文章

香港能仁专上学院副校长、
香港大学中文学院荣誉教授
单周尧

岭南大学中文系署理系主任及教授
许子滨

一、《春秋》名义

就现存文献而言，最早记载《春秋》的撰著缘起及其名称的是《孟子·离娄下》。孟子（前三七二—前二八九）曰：

> 王者之迹熄而《诗》亡，《诗》亡然后《春秋》作，晋之"乘"，楚之"梼杌"，鲁之"春秋"，一也。其事则齐桓、晋文，其文则史，孔子曰："其义则丘窃取之矣。"①

跟晋国的"乘"、楚国的"梼杌"一样，"春秋"原是鲁国史书的名称。"春秋"又是编年体史书的通名，各国史书均可通称"春秋"，故有所谓"百国'春秋'"（见《隋书》所载《墨子》佚文），不特鲁史为然。因其叙事体例为"以事系日，以日系月，以月系时，以时系年"，而一年四季之中，古人尤其重视春秋两季，故错举"春秋"作为此类编年体史书的通名。《孟子》提及的两种"春

---

① 焦循撰、沈文倬点校：《孟子正义》（北京：中华书局，一九八七年），页五七二—五七四。

秋"，分别指孔子（前五五一——前四七九）所修的
《春秋》与鲁史"春秋"。现存的《春秋》，是孔子
所修。此书以鲁史"春秋"为底本，参酌百国"春
秋"修订而成，而其"书法"（表述方式）则寄寓
了孔子的"微言大义"，在褒贬中呈现了圣人的思
想和见解。

《左传》昭公二年载晋韩宣子聘鲁，见"鲁春
秋"，说："周礼尽在鲁矣。吾乃今知周公之德与周
之所以王也。"韩宣子所见"鲁春秋"，盖从周公叙
起，具载宗周盛世朝觐会同征伐之事，所以韩宣子
才会这样说。《左传》所载《春秋》经文的记事起
讫，由鲁隐公元年（周平王四十九年，前七二二年）
到哀公十六年（周敬王四十一年，前四七九年）孔
丘卒，经历十二代鲁君，共计二百四十四年（《公羊
传》及《榖梁传》则终于哀公十四年西狩获麟①，共
计二百四十二年）。很可能是孔子之弟子为记其卒

---

① 鲁哀公十四年"西狩获麟"一事，《左传》《公羊传》《榖梁传》
均有记载。据说麟是一种非牛非马非鹿、头上长有一个肉角的动物，
是一种祥瑞的兽类，有王者则至、无王者则不至。春秋之时，礼崩乐
坏，而麟竟于鲁哀公十四年出现，孔子慨叹不已，伤周道之不兴，感
嘉瑞之无应，于是《春秋》绝笔于"获麟"一句。

年，故取"鲁春秋"补记获麟后事①。

二、《左传》的作者及其成书年代

唐初孔颖达（五七四—六四八）《春秋·序·疏》引南北朝学者沈文阿（五〇三—五六三）曰：

> 《严氏春秋》引《观周篇》云："孔子将修《春秋》，与左丘明乘如周，观书于周史，归而修《春秋》之经，丘明为之传，共为表里。"②

《严氏春秋》为西汉公羊家学者严彭祖所著。严彭祖是董仲舒（前一七九—前一〇四）的三传弟子，时代略早于司马迁（前一四五—前八六）。《观周篇》当为周秦之际或汉初之书（今本《孔子家语·观周

---

① 《公羊传》《穀梁传》皆于襄公二十一年（前五五二）十一月记"庚子，孔子生"。二传所载《春秋》经文皆终于哀公十四年（前四八一）西狩获麟，而《左传》所载经文，则终于哀公十六年（前四七九）"夏四月己丑，孔子卒"。自获麟至孔子卒之间的经文，杜预认为是"弟子欲记圣师之卒，故采鲁史记以续夫子之经，而终于此。丘明因随而作传，终于哀公。从此已下无复经矣"（《十三经注疏·春秋左传注疏》〔台北：艺文印书馆，一九八九年〕，页一〇四一）。

② 《十三经注疏·春秋左传注疏》，页一一。

篇》无严氏所引之文）。如果上述文献可靠，那么，它就是最早提到《左传》作者的记载。《观周篇》所言，可注意的有以下几点：（一）孔子将修《春秋》，与左丘明同乘如周，观书于周室太史；（二）归鲁之后，孔子修《春秋经》，而左丘明作《左氏传》，二书为同时之作；（三）前称"左丘明"，是全举其姓名，后言"丘明"，是单举其名，即左为姓而丘明为名；（四）《春秋》与《左传》关系密切，如衣之内（里）外（表），共为一体。

此外，司马迁《史记·十二诸侯年表》也说：

> 是以孔子明王道，干七十余君，莫能用，故西观周室，论史记旧闻，兴于鲁而次《春秋》，上记隐，下至哀之获麟，约其辞文，去其烦重，以制义法。王道备，人事浃。七十子之徒，口受其传指，为有所刺讥褒讳挹损之文辞，不可以书见也。鲁君子左丘明，惧弟子人人异端，各安其意，失其真，故因孔子史记，具论其语，成《左氏春秋》。①

————————

① 《史记》（北京：中华书局，一九七二年），页五〇九—五一〇。

《汉书》也认为是左丘明论辑《春秋》本事而作传,《司马迁传·赞》云:

> 及孔子因鲁史记而作《春秋》,而左丘明论辑其本事,以为之传,又撰异同为《国语》。①

《汉书·艺文志》载有《左氏传》三十卷,下面写著作者"左丘明,鲁太史"②,并且在《春秋》家小序中说:

> 仲尼思存前圣之业,乃称曰:"夏礼吾能言之,杞不足征也;殷礼吾能言之,宋不足征也。文献不足故也,足则吾能征之矣。"以鲁周公之国,礼文备物,史官有法,故与左丘明观其史记,据行事,仍人道,因兴以立功,就败以成罚,假日月以定历数,借朝聘以正礼乐。有所褒讳贬损,不可书见,口授弟子,弟子退而异言。丘明恐弟子各安其意,以失其真,故论本事而作传,明夫子不以空言说经也。③

---

① 《汉书》(北京:中华书局,一九七五年),页二七三七。
② 《汉书》,页一七一三。
③ 《汉书》,页一七一五。

西晋杜预（二二二一二八四）《春秋左氏经传集解·序》云：

> 左丘明受经于仲尼，以为经者不刊之书也。故传或先经以始事，或后经以终义，或依经以辩理，或错经以合异，随义而发。[1]

由此可见，《左传》原称"左氏春秋"或"左氏传"。自汉至晋，学者皆认为《左传》的作者是鲁君子左丘明，而左丘明为鲁太史，故能遍阅国史策书。左丘明亲炙孔子而作传，《春秋》与《左传》具有经传的关系，殆无可疑。"左丘明"一名，见于《论语》，《论语·公冶长》云：

> 子曰："巧言、令色、足恭，左丘明耻之，丘亦耻之。匿怨而友其人，左丘明耻之，丘亦耻之。"

这位好恶与圣人同的"左丘明"与《左传》的作者为同一人。只是孔子与左丘明的关系，究竟是

---

① 《十三经注疏·春秋左传注疏》，页一一。

朋友，还是师徒，恐怕不易确定。

《左传》记事，并非与《春秋》相终始。《左传》的最后一则记事系于哀公二十七年（周定王元年，前四六八年）。传文末尾，还叙及"悼之四年"之事。鲁悼公四年（周定王六年，前四六三年），上距哀公二十七年已有五年。传记悼公谥号，则记事之时又当在悼公死后，悼公死于周考王十二年（前四二九年）。不仅如此，传文称赵无恤为襄子（"襄"为谥号），而赵襄子又后悼公四年而死（即死于前四二五年）。近代国学大师章太炎（一八六八——一九三六）假定《左传》作者左丘明与孔子弟子子夏（卜商）同年，同比孔子小四十四岁，即约生于前五〇八年。依此假设推算，孔子卒时（前四七九年），左丘明二十九岁，又假定他死于赵襄子之后，则至少有八十三岁（前五〇八—前四二五）。章说固然只是一种推测。①《左传》叙及"悼之四年"后事，可能是作者寿考，更可能是后人续书。

从左丘明作《左传》之后，到西汉晚期立于学官

---

① 详参屈守元《经学常谈》（成都：巴蜀书社，一九九二年），页三五—三六。

前,《左传》一直在民间流传,数百年间,其传授源流班班可考。综合西汉刘向(前七七—前六)《别录》《汉书·儒林传》及唐初陆德明(五五六—六二七)《经典释文序录》所述,《左传》的传授源流大略如下:

左丘明作传以授曾申,申传卫人吴起(前四四〇—前三八一),起传其子期,期传楚人铎椒,椒传赵人虞卿,卿传同郡荀卿(名况,大约活动于公元前二九八年至前二三八年),况传武威张苍(前二五六—前一五二),苍传洛阳贾谊(前二〇〇—前一六八),谊传至其孙嘉,嘉传赵人贯公,贯公传其少子长卿,长卿传京兆尹张敞及侍御史张禹,禹传尹更始,更始传其子咸及翟方进、胡常,常授黎阳贾护,护授苍梧陈钦。刘向、刘歆(前五三?—二三)父子发现孔子壁中古文《左氏传》,又从尹咸及翟方进受《左氏》。由是言《左氏》者,本之贾护、刘歆。①

应该说,《左传》虽为左丘明所作,但在流传的过程中,不免掺杂了后人的缘饰附益。这是读《左传》者不可不加注意的地方。

---

① 陆德明撰、吴承仕疏:《经典释文序录疏证》(台北:新文丰出版公司,一九七五年),页九二b—九五b。

三、《左传》解释《春秋》的方式

前引《观周篇》曾说《春秋经》与《左传》"共为表里"。东汉桓谭（？—五六）《新论》也说："《左氏传》于经，犹衣之表里，相待而成。经而无传，使圣人闭门思之，十年不能知也。"清楚说明《春秋经》与《左氏传》互为依存。《春秋》记事极为简略，如隐公十一年经曰："冬十有一月壬辰（十五日），公薨。"诸侯之死曰薨。经文只用"公薨"两字记录鲁隐公之死，不言薨于何处，亦不书葬。《左传》则详叙隐公薨的原委经过。鲁国大夫羽父原请隐公允许他杀桓公（隐公异母弟），并要求事成后担任执政之卿。隐公不同意，并表明桓公年少，自己代为摄政，如今桓公已长大，即将授以君位。羽父畏惧，反过来向桓公潜毁隐公并请求杀死他。羽父使贼在鲁国大夫寪氏家中刺杀隐公，立桓公为君。《左传》曰："不书葬，不成丧也。"说明桓公不以人君之礼葬隐公，故《春秋》不书葬。要是没有《左传》，只看《春秋》，便无法得知"公薨"的真相。

上述《史记》及《汉书》之引文，均谈及左丘明修纂《左传》的体例，即论辑《春秋》本事而作

传。《左传》以叙事为传体，借事明义，与《公羊传》《穀梁传》设为问答、专在说义者不同。《左传》这种解经方式，称为"以史传经"。①《春秋》所记，固然重于褒贬，不重于史实，但其褒贬之义又未尝不建基于史实。因此，若脱离史实，便无法推寻经文。如桓公元年经曰："三月，公会郑伯于垂，郑伯以璧假许田。"《左传》曰："三月，郑伯以璧假许田，为周公、祊故也。"表面看来，经文的意思是说：鲁桓公和郑庄公在垂会盟，郑庄公以璧借许田。针对经文"郑伯以璧假许田"，《左传》点明郑庄公把璧玉送给鲁桓公，是为了请求祭祀周公和以祊田交换许田。周成王赐周公许田，作为鲁君朝见周王时的朝宿之邑。周宣王赐母弟郑桓公祊田，作为助天子祭泰山时的汤沐之邑。鲁的许田与郑的祊田，都是周天子所赐。只是到了春秋初期，周德既衰，鲁侯不朝于周，天子亦不巡守，二邑皆无所用。许近郑而祊近鲁，鲁、郑两国君主遂因地势之便，私下交换二邑。由于许大而祊小，故郑庄公加璧玉作为抵偿。碍于诸侯不得擅自交换天子之

---

① 详参张高评《章太炎〈春秋左传读叙录〉述评——论刘逢禄"〈左氏〉不传〈春秋〉"说》，《经学研究集刊》，第六期，二〇〇九年，页一一二二。

田，经文于是隐讳其事，说郑庄公以璧借许田。经文这样写，隐瞒了两国私易天子所赐之地的事实，何止是"断烂朝报"（王安石语[1]），实有误导读者之嫌。要不是《左传》叙写此事的来龙去脉，读者只觉费解，无由得知内情，自然也无法确知经文所蕴含的大义。

观乎上举两个事例，可知《春秋》经义必须依据《左传》的叙事加以阐释发明，《观周篇》及桓谭将《春秋》《左传》的关系比喻为衣服的表里，是十分恰当的。《春秋》固然离不开《左传》，《左传》也离不开《春秋》。如成公十七年经曰："夏，公会尹子、单子、晋侯、齐侯、宋公、卫侯、曹伯、邾人伐郑。"《左传》曰："公会尹武公、单襄公及诸侯伐郑，自戏童至于曲洧。"传文仅说"诸侯"，如果没有经文所记的"晋侯"及以下诸人，我们也不知道传文实指的内容。[2]

《左传》传经的方式，除上述的"以史传经"外，还有比之更显明直接的"以义传经"。而《左传》"以义传经"的方式，大抵可分为下列四

---

[1]　苏辙：《春秋集解·自序》引。

[2]　杨伯峻：《浅谈〈左传〉》，《杨伯峻治学论稿》（长沙：岳麓书社，一九九二年），页五八。

种：（一）以解释书法（表述方式）的方式传经；（二）以补《春秋》的方式传《春秋》；（三）以判词"礼也""非礼也"传《春秋》；（四）以"君子曰"的论断方式传《春秋》。① 今各举一例说明如下：

（一）以解释书法的方式传经：如隐公三年，经曰："夏四月辛卯（二十四日），君氏卒。"《左传》曰："夏，君氏卒。声子也。不赴于诸侯，不反哭于寝，不祔于姑，故不曰'薨'。不称夫人，故不言葬，不书姓。为公故，曰'君氏'。"声子为鲁惠公继室，生隐公。经文于其死后，不书"夫人子氏薨"，仅云"君氏卒"。《左传》所言，正为解释《春秋》书法的原意。依《左传》之意，国君之妻死后，若以夫人之礼治丧，即死后立刻讣告于同盟诸侯、既葬反哭于寝、卒哭后其主祔于祖姑，三礼俱备，则书曰"夫人某氏薨"，又书曰"葬我小君某氏"。声子卒，经文仅书"君氏卒"，表示不以夫人之礼葬之，故不用"薨"字，又不云"夫人"，不言"葬"，也不书"姓"。声子，母家姓子。不书"子氏"而改书"君氏"，是因为声子为隐公之母，依国君称

----

① 详参徐复观《中国经学史的基础》附录二《左氏"以史传经"的重大意义与成就》，《徐复观论经学史二种》（上海：世纪出版集团上海书店出版社，二〇〇六年），页一九六—二〇〇。

"君"而夫人称"小君"之例，故称"君氏"（犹言"小君氏"）。

（二）以补《春秋》的方式传《春秋》：如隐公元年《左传》曰："夏四月，费伯帅师城郎。不书，非公命也。""不书"，指孔子所修《春秋》不记录此事。费伯为鲁大夫。由于在郎地筑城出于费伯本人的主意，而不是奉行隐公之命，故经不书其事。《左传》补记此事，并解释经文缺略的原因。

（三）以判词"礼也""非礼也"传《春秋》：如隐公元年经曰："秋七月，天王使宰咺来归惠公、仲子之赗。"《左传》曰"子氏未薨"，又申说曰"豫凶事，非礼也"。归赗指馈赠助丧之物。"子氏"即仲子。此时犹在生，未死而赠以助丧之物，也就是预先送赠凶事之物，是不合礼的。依经文之例，天子之卿大夫不书名，而此称"宰咺"，带有贬抑之意。

（四）以"君子曰"的论断方式传《春秋》：《左传》"君子曰"（有"君子曰""君子谓""君子是以""君子以……为……""君子以为"等多种形式）中的"君子"，有的指"孔子"，有的指"时君子"，有的是作者自称。其中有解经语，如桓公二年经曰：正月"戊申，宋督弑其君与夷及其大夫孔父"。《左

传》曰:"君子以督为有无君之心,而后动于恶,故先书弑其君。"以事实论,华督固然是先杀孔父再弑殇公,但揆诸本心,孔父为顾命大臣而华督杀之,心中早已无君。故经文先写弑君,次叙杀大夫。《左传》所释《春秋》书法而被杜预统称为"五情"者,亦出于"君子曰"。成公十四年经曰:"秋,叔孙侨如如齐逆女。"又记:"九月,侨如以夫人妇姜氏至自齐。"《左传》曰:"秋,宣伯如齐逆女。称族(称其族名"叔孙"),尊君命也。"又曰:"九月,侨如以夫人妇姜氏至自齐。舍族(不称其族名,即只言"侨如",不言"叔孙侨如"),尊夫人也。故君子曰:'《春秋》之称,微而显,志而晦,婉而成章,尽而不污,惩恶而劝善,非圣人谁能修之?'"此"五情"可分三层看:"微而显,志而晦",主要指字面的效果;"婉而成章,尽而不污",主要指书写的态度;"惩恶而劝善",主要指其对社会的影响。三者互不排斥,如僖公二十八年经曰"天王狩于河阳",可归"志而晦",亦可归"婉而成章"及"惩恶而劝善"。①

基于《左传》传经的关系,古人征引传文,往

---

① 详参单周尧《钱钟书〈管锥篇〉杜预〈春秋序〉札记管窥》,《左传学论集》(台北:文史哲出版社,二〇〇〇年),页一〇五。

往径称为本经。[1] 如《战国策·楚策四》记战国时期赵相虞卿（本身是《左传》传人）对春申君说："臣闻之《春秋》：'于安思危，危则虑安。'"引文见《左传》襄公十一年。[2] 司马迁征引《左传》，也往往就称之为"《春秋》"。[3]

总上所述，《春秋》与《左传》具有互相依存的关系，合观两书，自能事义兼备、相得益彰。

四、《左传》中的思想

《左传》一书，叙事议论，归本于礼。盖春秋末年，政衰礼废，《左传》作者感于世变，故述事论人，一准诸礼。书中包含了非常丰富的典章制度和礼乐文化，如实地记录了各种礼典，包括冠、昏、丧、祭、飨、射、朝、聘，其中聘礼尤备，还有丰富的军礼。除叙述礼仪外，《左传》还记录了大量的

---

[1] 王利器：《古书引经传、经说称为本经考》，《晓传书斋文史论集》（香港：香港中文大学出版社，一九八九年），页二；杨伯峻：《春秋左传注》（北京：中华书局，一九九〇年），《前言》，页三六。

[2] 今本《左传》襄公十一年引《书》云："居安思危"，无"危则虑安"，与虞卿所言稍异。

[3] 金德建：《司马迁所见书考》（上海：上海人民出版社，一九六三年），页一〇五。

春秋贤人君子论礼的精义。[1]

德和礼是《左传》作者臧否人物、评议成败的依据。在《左传》作者看来，德和礼是人立身处世的根本，也是国家的基石，与人的生死、国家的兴亡攸关。实践德、礼，是奉行天道的不二之途。有礼，即顺天，能保有福禄；无礼，即逆天，难免于祸难。这正是《左传》作者的一贯主张。

《左传》的伦理思想和政治思想，围绕德、礼这个核心，还提出了忠、信、敬、让、仁、义、智、勇等道德概念。[2]这些概念，不少可与先秦儒家思想参照比较、相互发明。

五、《左传》的文学性

《左传》文章，垂范千古，其叙事技法，工侔造化，最为后人称美，被奉为圭臬，桐城文派所标举

---

① 详参饶宗颐《〈春秋左传〉中之"礼经"及重要礼论》，陈其泰、郭伟川、周少川编：《二十世纪中国礼学研究论集》（北京：学苑出版社，一九九八年），页四六二—四七三。

② 举例如《左传》襄公十一年记魏绛论乐云："夫乐以安德，义以处之，礼以行之，信以守之，仁以厉之，而后可以殿邦国、同福禄、来远人，所谓乐也。"

的古文义法，即根源于《左传》。作为史书，《左传》主要以历史事实作为依据，只有在不可能做到完全实录的私语、心理及其他细节上，才加插虚构和想象成分，以保持叙事的完整性。如《左传》记晋灵公派鉏麑去刺杀赵盾，鉏麑清晨前往，赵盾寝室的门已经打开，赵盾穿好朝服准备上朝，由于尚早，坐着闭目养神。鉏麑感叹说，赵盾不忘恭敬，实为百姓之主，因此不忍杀之，但又不能弃君之命；两难之下，便把头撞向赵盾庭中的槐树而死。鉏麑死前的自言自语，谁能听到？应是《左传》作者潜心揣摩当时情景而代人拟言的结果，鉏麑不一定说过这样一番话。又如《左传》写秦晋崤之战，对战争的具体过程写得很简略，但对战争前后的一些场景，却写得活灵活现：蹇叔哭师、挥泪送子，幼童王孙满的预言，郑商人弦高犒劳秦军，文嬴请求晋襄公释放三帅，秦穆公素服郊次、向三帅谢罪，先轸不顾而唾等精彩场面，从不同角度、全方面演绎了这场战争。《左传》作者在安排情节上有很深厚的功力，他以小说家的用笔，来写史家的著作，非常引人入胜。由此可见，《左传》确具有故事、情节、人物、刻画技巧等小说元素。不过，《左传》毕竟是史书，它的主要任务是记录历史，虽然具有一定的文学

性，但并不像后世的小说那样属有意创作（虚构）。

六、《左传》的现代意义

《左传》据事直书，以史传经，得史学之真；书中阐明经义，含有丰富的道德伦理思想，得哲学之善；其叙事写人，精妙绝伦，引人入胜，得文学之美。《左传》兼真善美而有之，其现代意义不容置疑，值得我们珍视和细读。

兹以《左传》言辞为例，说明其所具现代价值和意义。现代汉语（尤其是粤语）中的熟语，大多源来有自，其中有许多可征实于《左传》。时至今日，这些熟语仍在中国人的口上笔下广泛流传，指导着人们的道德思想和言行举止，只是人们习焉不察罢了。细读《左传》，可以加深我们对熟语的理解，掌握其所处的历史语境，在欣赏叙事之真、言辞之美的同时，更可以借此观察人性的善恶，从而汲取传统智慧，立德行善。兹略举今日仍然习用而源于《左传》的熟语如下：

"多行不义必自毙"（隐公元年）

"信不由中"（隐公三年）

"众叛亲离"（隐公四年）

"大义灭亲"（隐公四年）

"怙恶不悛"（隐公六年）

"城下之盟"（桓公十二年）

"人尽可夫"（桓公十五年）

"一鼓作气"（庄公十年）

"风马牛不相及"（僖公四年）

"一之谓甚，其可再乎"（僖公五年）

"假途灭虢"（僖公五年）

"辅车相依，唇亡齿寒"（僖公五年）

"欲加之罪，其无辞乎"（僖公十年）

"玉帛相见"（僖公十五年）

"（行将）就木"（僖公二十三年）

"退避三舍"（僖公二十三年）

"有恃无恐"（僖公二十六年）

"知难而退"（僖公二十八年）

"食言"（语出《尚书·汤誓》，僖公二十八年）

"东道主"（僖公三十年）

"厉兵秣马"（僖公三十三年）

"先声夺人"（文公七年、宣公十二年、昭公二十一年）

"畏首畏尾"（文公十七年）

"铤而走险"（文公十七年）

"人谁无过，过而能改，善莫大焉"（宣公二年）

"各自为政"（宣公二年）

"问鼎中原"（宣公三年）

"食指动""染指"（宣公四年）

"狼子野心"（宣公四年）

"知难而退"（宣公十二年）

"刚愎自用"（宣公十二年）

"困兽斗"（宣公十二年、定公四年）

"筚路蓝缕"（宣公十二年、昭公十二年）

"鞭长莫及"（宣公十五年）

"尔虞我诈"（宣公十五年）

"余勇可贾"（成公二年）

"摄官承乏"（成公二年）

"从善如流"（成公八年、昭公十三年）

"病入膏肓"（成公十年）

"痛心疾首"（成公十三年）

"无有斗心"（成公十六年、定公四年）

"居安思危"（逸《书》，襄公十一年）

"有备无患"（襄公十一年）

"马首是瞻"（襄公十四年）

"三不朽"（襄公二十四年）

"举棋不定"（襄公二十五年）

"言之无文，行而不远"（襄公二十五年）

"班荆道故""楚材晋用"（襄公二十六年）

"上下其手"（襄公二十六年）

"自郐（《郐》）以下""叹为观止"（襄公二十九年）

"宾至如归"（襄公三十一年）

"包藏祸心"（昭公元年）

"尾大不掉"（昭公十一年）

"数典忘祖"（昭公十五年）

"尤人而效之"（定公六年）

"执牛耳"（定公八年、哀公十七年）

"三折肱知为良医"（定公十三年）

"富而不骄"（定公十三年）

"视民如土芥"（哀公元年）

"树德莫如滋，去疾莫如尽"（哀公元年）①

---

① 后世熟语（主要是四字成语）对《左传》原文所作改造，大抵有下列各端：（一）缩略原文：如将"数典而忘其祖"缩略为"数典忘祖"，将"居肓之上，膏之下"缩略为"病入膏肓"，将"我无尔诈，尔无我虞"缩略为"尔虞我诈"等；（二）改易原文字词：如改"人尽夫也"为"人尽可夫"，改"何恃而不恐"为"有恃无恐"，改"刚愎不仁，未肯用命"为"刚愎自用"等；（三）总称其数：将"大上有立德，其次有立功，其次有立言"统称为"三不朽"。

上文所列，尚未包括一些根据《左传》叙事而创造出来的熟语。如春秋时期，常见嬴姓的秦与姬姓的晋通婚，故后人便称姻亲作"秦晋之好"。此外，今语中有一些表达生活体验和传统智慧的谚语，与《左传》古语契合无间，如今人说"欺山莫欺水"，水性柔弱，容易使人溺毙。《左传》亦云："水懦弱，民狎而玩之（引者按：此为后世"狎玩"一词所本），则多死焉。"（昭公二十年）说出不能因水柔弱而戏弄它的道理。

上举熟语，古今用法，或同或异。就其适用范围而言，如"内子"原为卿大夫正室之称，除《左传》外，还习见于《礼记》。粤语沿袭这种称谓，但没有等级之分。再如"玉帛相见"，语出僖公十五年。玉帛原指圭璋和束帛，执玉帛相见，表示以礼相待。香港粤语说男女二人"玉帛相见"，指他们以礼相待，讳言赤裸相见的事实，体现中华文化含蓄委婉的特点。就其褒贬义而言，"食指动"和"染指"两词，同出《左传》宣公四年所记郑灵公食大夫鼋而公子宋染指于鼎之事。食指，即位于拇指与中指之间的第二指。"食指动"或食指大动，预示将有口福，古今同义。"染指"原来不过是指伸指蘸物，品尝食品，后人赋予它整个故事的含意，使

之带有取非分利益的贬义色彩。粤语则保存宋代以后的比喻义，用它来指称参与做某种事情，不含贬义。又，"甚嚣尘上"原指晋、楚对决时楚王登车窥探敌情所见，仅表示兵士喧哗、尘土飞扬，后人用此比喻传闻流行或议论喧腾。香港粤语仍保留其中性用法。又如"人尽可夫"，原意是指人人皆可为丈夫，而父亲有骨肉关系，只有一人，两者不能相比。香港粤语则用为贬义，指妇人不守妇道，放荡淫乱。由此可见，《左传》语汇丰富，后人可以按照社会生活所需，赋予这些语汇新的内涵。

综上所述，《左传》兼真善美而有之，是传统文化的宝库。从古为今用的角度来说，我们可以通过阅读《左传》，汲取其叙事和言辞中所包含的文化养分，既可使文辞优美，也能令精神富足，其现代价值有待读者去实现。

《战国策》导读

纵横决荡，问鼎中原：《战国策》
中的变法、战争及兴亡

香港科技大学人文学部文学博士，
现任职于香港大学

陈岸峰

一、前言

自周室东迁，礼崩乐坏。先有春秋五霸[1]，问鼎中原，再有战国七雄，逐鹿天下。列国势成水火，形势复杂。战国（前四七五—前二二一）乃上接春秋（前七七〇—前四七六），下启秦（前二二一—前二〇七）、汉（西汉：前二〇六—前九；东汉：二五—二二〇）的大动荡时期。其时，天下大乱，诸侯日益强盛，天子名存实亡。[2]

公元前四八一年，田和（？—前三八四）篡齐，公元前四五三年，三家（韩、赵、魏）分晋，于是形成齐、楚、燕、韩、赵、魏、秦七雄并立的局面，此即李白（太白，七〇一—七六二）所说的"三季分战国，七雄成乱麻"[3]。除七雄外，尚有宋、卫、中

---

[1] "霸"，意指霸主，即诸侯领袖，奉行"尊王攘夷"之宗旨。至于春秋五霸究竟指哪五位国君，史学界一直众说纷纭，而按司马迁《史记》的记载，春秋五霸是指齐桓公、秦穆公、晋文公、楚庄公及宋襄公。

[2] 钱穆先生指出："周室东迁，引起的第一个现象，是共主衰微，王命不行。王命不行下引起的第一个现象，则为列国内乱。王命不行下引起的第二个现象，则为诸侯兼并。又自列国内乱、诸侯兼并下引起一现象，则为戎狄横行。"见钱穆《国史大纲》（香港：商务印书馆，一九九四年），上册，页五四—五五。

[3] 李白著，鲍方校点：《古风五十九首·其二十九》，《李白全集》（上海：上海古籍出版社，一九九六年），页二二。

山、鲁、滕、邹、费等小国，有所谓的"泗上十二诸侯"夹杂于列强之间[1]，挣扎求存。公元前三六七年，赵国与韩国亦乘周室内乱，把周分裂为西周（以王城为都）与东周（以巩为都）两个小国，逐渐占领周的外围地区。这时期的乱象便是李白所描述的：

> 战国何纷纷，兵戈乱浮云。赵倚两虎斗，晋为六卿分。
>
> 奸臣欲窃位，树党自相群。果然田成子，一旦杀齐君。[2]

春秋时期，诸侯虽各自争霸，但仍有尊周天子的共识；及至战国七雄，则各自为政，霸主亦不复存在。西周之"亲亲尊尊"观念，荡然无存，随之而兴的是战国七雄以征战掠夺土地及人民。群雄纷纷招贤纳士，变法图强，而变法的最终目的，就是

---

[1] 杨宽：《前言》，《战国史（增订本）》（上海：上海人民出版社，一九九八年），页四。

[2] 李白著，鲍方校点：《古风五十九首·其五十三》，《李白全集》，页二二。

富国强兵以决荡天下，问鼎中原。①七国混战，此时，纵横之士穿梭于列国之间，庙堂上此消彼长之博弈，沙场上纵横决荡，以定兴亡。最终，强秦横扫东方六国，统一中原。

二、策士纵横

春秋时期，官职多由贵族世袭。然而，战国时期，诸侯则纷纷推行变法，礼贤下士，不问出身，鸡鸣狗盗，皆有用武之地，朝为布衣，暮为卿相，庶民阶层因这动荡的时势而崛起。此际，"策士"纵横于列国，出谋划策，智术纷呈，奇谋迭出，此即司马迁（子长，前一四五或前一三五—前八六）所说的：

> 六国之盛自此始，务在强兵并敌，谋诈用，而从衡短长之说起。②

---

① 春秋时的五霸之一楚庄王（？—前五九一）是第一位"问鼎小大轻重"的君主，他说："楚国折钩之喙，足以为九鼎"，可见其野心。见司马迁著，王利器主编《史记注译·楚世家第十》（西安：三秦出版社，一九八八年），第二册，卷四〇，页一二三九。

② 司马迁著，王利器主编：《史记注译·六国年表第三》（西安：三秦出版社，一九八八年），第一册，卷一五，页四七七。

这是一个以智慧做较量的时代，亦是庶民凭一己之力而平步青云的时代。苏秦（？—前三一七）、张仪（？—前三一〇）、范雎（？—前二五五）等，皆乃此际的精英典范，他们审时度势，结约纵横，转危为机，或战或和、战中谋和、和中谋战，变幻莫测，遂成战国的风云人物。

何谓"纵横"？所谓"纵"，乃"合纵"之简称，又作"从"，即山东六国从燕到楚，南北合成一条直线，联合抗秦，在强秦虎视眈眈之下，图谋自存；所谓"横"，乃"连横"的简称，即以秦国为中心，分别联合山东任何一国，东西连成一条横线，分化瓦解或攻击其他各国。韩非（约前二八〇—前二三三）认为："从者，合众弱以攻一强也；而衡（通"横"）者，事一强以攻众弱也。"[①] 由此可见，当时六国已自知处于弱势，而"一强"指的当然是秦国。此中两位主要的策士，分别为主合纵的苏秦和主连横的张仪。刘向（子政，前七七—前六）则更具体地指出"合纵"与"连横"可能产生的结局："苏秦为从，张仪为横；横则秦帝，从则楚王；所在国重，

---

① 韩非著，陈奇猷校注：《韩非子新校注·五蠹》（上海：上海古籍出版社，二〇〇六年），页一一二三。

所去国轻。"① 由此可见策士在战国时期对各国有举足轻重的影响力。

至于"纵横家",即为适应当时各国之间政治斗争的需要,或主纵,或主横,或奔走游说,或入朝干政,直接服务于各国统治者的一批谋臣策士,他们是一群有雄韬伟略、奇谋异策的"智囊",对当时的政治、经济、地理、风俗、民情,以至国君的志趣、癖好,均了然于胸。班固(孟坚,三二—九二)在《汉书·艺文志》中指出纵横家乃春秋战国时期九流十家之一,批评说:

> 从横家者流,盖出于行人之官……及邪人为之,则上诈谖而弃其信。②

"行人之官",即当时的外交官。早在春秋时期,孔子(仲尼,前五五一—前四七九)便曾到过齐、鲁、卫、宋、陈、蔡、楚等国,向列国君主推销其学说;及至战国,墨翟(前四六八—前三七六)到

---

① 刘向著,何建章注:《战国策序》,《战国策注释》(北京:中华书局,一九九六年),下册,页一三五六。

② 陈国庆:《汉书艺文志注释汇编》(北京:中华书局,一九八三年),页一四八。

过楚、鲁、宋、齐；荀子到过燕、齐、楚、秦、赵；而孟子（前三七二—前二八九）则到过魏、宋、邹、滕、鲁等国。孟子游于稷下，墨翟止楚攻宋，均传为千古佳话。

然而，策士并不受时人尊重，孟子更视之为"妾妇之道"①，卑之为"妾妇"，指的是策士只晓得以语言在列国间搬弄是非，制造矛盾。秦相魏冉（生卒年不详）亦不喜欢策士，因此当范雎逃亡到秦国时，便避魏冉而唯恐不及。因为策士在时人眼中毫无坚持，因时而变，即所谓"邦无定交，士无定主"②。例如公孙衍（生卒年不详）先是在秦国主张伐魏，后来转投魏国，就变为主张合纵攻秦。

苏秦先后游说了周显王（？—前三二一）、秦惠文王（前三五四—前三一一；前三三七—前三一一在位）以及赵武灵王（前三四〇—前二九五），均不成功。屡遭挫折后，苏秦终于获得了渴求富强以复仇的燕昭王（前三三五—前二七九）的重用。苏秦先分析了赵国在阻挡秦国方面对燕国的贡献，又剖

---

① 毛子水等：《四书今注今译·孟子》（台北：台湾商务印书馆，一九九五年），页一三七。

② 顾炎武：《日知录》（台北：台湾中华书局，一九六六年），卷一三，页一。

析了赵国可迅速攻至燕国，以说服燕昭王认同与赵国结盟的策略："愿大王与赵从亲，天下为一，则燕国必无患矣。"[1]"天下为一"指的是在秦国以外，六国连成一整体，即南北联合之"合纵"策略，具体内容如下：

> 秦攻楚，齐、魏各出锐师以佐之，韩绝其粮道，赵涉河漳，燕守常山之北。秦攻韩、魏，则楚绝其后，齐出锐师而佐之，赵涉河漳，燕守云中。秦攻齐，则楚绝其后，韩守城皋，魏塞其道，赵涉河漳、博关，燕出锐师以佐之。秦攻燕，则赵守常山，楚军武关，齐涉渤海，韩、魏皆出锐师以佐之。秦攻赵，则韩军宜阳，楚军武关，魏军河外，齐涉清河，燕出锐师以佐之。诸侯有不如约者，以五国之兵共伐之。[2]

以上的策略，理论上可行，操作却不易。无论如何，苏秦成功说服了燕昭王，获得了重金资助，

---

[1] 司马迁著，王利器主编：《史记注译·苏秦列传第九》（西安：三秦出版社，一九八八年），第三册，卷六九，页一七〇〇。

[2] 司马迁著，王利器主编：《史记注译·苏秦列传第九》，第三册，卷六九，页一七〇三。

以支持其继续游说各国"合纵"。其后六国均赞同苏秦的合纵策略,六国的联盟终告形成,此举令秦惠文王十五年不敢出兵函谷关。

然而,苏秦的"合纵"策略构想过于理想化,只要他所设计的环节有任何一丝差错,或某国不充分合作,其"合纵"策略则全告崩溃。故此,早在公孙衍推出"五国相王"时,秦惠文王便对其"合纵"做出"犹连鸡之不能俱止于栖明矣"的预言(《卷三·秦策一·秦惠王谓寒泉子》),以连着脚的鸡群没法飞到栖息的树上来比喻合纵的不可行。相对而言,秦国采用张仪的"连横"以抗衡苏秦的合纵,不断地削弱东方的竞争对手齐国,并逐渐实现东进的目标。张仪的第一站便是前往魏国,担任魏襄王(?—前二九六)的丞相,明为魏国服务,暗中却为秦国破坏六国的联盟。他向魏襄王提出"尊秦"的策略,却不为其所接纳,于是便向秦王建议先打魏国。魏国被秦国打败后,随之又再输一仗予齐国,魏襄王于是不得不尊秦,正如后来的楚国一样,两国均沦为秦国的玩偶与帮凶。这就是策士的智慧与力量。实际上,正如秦惠文王所预言,六国之中,任何一国不合作,合纵即告失败;而任何一国与秦合作,即连横之成功。秦国虽曾为合纵所

逼，相对而言，秦国之连横要比六国之合纵容易得多。

张仪以其娴熟的纵横之术，以不事秦则联军攻伐的恫吓方式，终于在公元前三一一年，成功促使魏、韩、楚、齐、赵、燕六国连横事秦。张仪对列国进行武力打击后，再进行怀柔的拉拢策略，或以卧底，或以诱骗，令六国堕入秦国的陷阱。张仪以其卓越的智慧与胆识，再加上秦国军事上的强力配合，成功抗衡、瓦解了苏秦的合纵策略，其对秦国之东进事业，功不可没。

战国之风云激荡，为这些庶民出身的策士提供了一展身手的契机，并打破了长久以来为贵族所垄断的政治局面，令复杂的国际态势充满了种种的可能性。这些以策略构成《战国策》一书核心内容的策士，几经坎坷，曾经辉煌，而下场却又极之惨烈，就如苏秦与范雎，均空留李白的叹喟："功成身不退，自古多愆尤。"[1] 无论如何，策士改变了战国乃至整个中国的政治、历史及文化，影响巨大而深远。

---

[1] 李白著，鲍方校点：《古风五十九首·其十八》，《李白全集》，页一六。

三、变法兴亡

兴亡谁人定，胜败岂无凭？在竞争激烈的战国态势下，要生存极不易，故有为之君均纷纷招贤纳士，变法图强。七国各有不同程度的变法，秦孝公（前三八一—前三三八）于公元前三五六年任命商鞅（前三九〇—前三三八）为左庶长，实行变法；而东方六国的变法，则分别为魏文侯（？—前三九六）时李悝（生卒年不详）的变法，赵烈侯（？—前四〇〇）时的公仲连（生卒年不详）变法与后来赵武灵王的"胡服骑射"，楚悼王（？—前三八一）时的吴起（前四四〇—前三八一）变法，齐威王（前三七八—前三二〇）时的邹忌（约前三八五—前三一九）变法，韩昭侯（？—前三三三）时的申不害（前四二〇—前三三七）变法，以及燕昭王的变法。此中以商鞅变法与赵武灵王的"胡服骑射"最为著名。虽然赵武灵王"胡服骑射"的军事变法令赵国骤成劲旅，以至拓地千里，但是在变法的深度与广度方面，却远远不及商鞅变法。商鞅变法在政治、军事、社会以及经济上，全方位对秦国做出了翻天覆地的改造，又同时为庶民的上升提供了快捷而可行的阶梯，从而将秦国打造成如钱穆（宾四，

一八九五——一九九〇）先生所谓的"新军国"[1]。以下将扼要论述商鞅变法中促使秦国成为"新军国"之各项细节，借此方能理解秦国何以能崛起于西陲，无敌于天下。

商鞅本为魏相公孙痤（？—前三六〇）之僚属，公孙痤病危时向前来探望的魏惠王（前四〇〇—前三一九）推荐商鞅，并望魏惠王"举国而听之"。[2]这可谓是倾心力荐，可惜魏惠王不以为然，公孙痤有见及此，便劝说魏惠王杀商鞅，以免人才外流他国而成后患。公孙痤尽忠之后，又再尽义，坦诚地将一切告诉了商鞅，劝其速离。此际，年方二十一岁的秦孝公以"与之分土"的重诺招贤于天下。[3]秦孝公对于秦国历代兴衰了然于胸，对秦国"厉、躁、简公、出子"四代国君的蹉跎岁月，亦毫无忌讳，更为关键的是，他勾勒出历代贤明之君的东进蓝图，并再一次表达了其对招贤纳士以图强的强烈渴望与东进扫荡六国的雄心壮志。秦孝公出手不凡，消息一出，立即把不为魏惠王所重用的商鞅从魏国吸引

---

① 钱穆：《国史大纲》，上册，页七五。

② 司马迁著，王利器主编：《史记注译·商君列传第八》（西安：三秦出版社，一九八八年），第三册，卷六八，页一六八九。

③ 司马迁著，王利器主编：《史记注译·秦本纪第五》（西安：三秦出版社，一九八八年），第一册，卷五，页一〇〇。

到秦国。人才流动，此消彼长，秦、魏两国君主的眼光与胸襟，亦高低互见，而两国的兴衰，在不久之后，亦随之显现。

商鞅在朝见秦孝公时先论述了"帝道"，再而是"王道"，均不为所用，而最终被采纳的是"霸道"。商鞅之变法内容，如水银泻地，无孔不入，为秦国全方位打造了一个崭新的"战国"，其方略大致有以下四个方面：

（一）社会方面

1. 废除奴隶制度：此举令更多的人口从事开荒、耕种，亦为长年征战提供生力军。

2. "主民"与"客民"分业：变法一方面把秦国农民分为"主民"，另一方面则吸引韩、赵、魏三国的农民前来秦国种地，给予住房，免三年劳役，称他们为"客民"。"主民"当兵，"客民"种地。[1]"客民"住下来久了，繁衍生息，也就落地生根成为秦国子民。秦国既要人才，又要人民，此消彼长，敌弱我强，实属必然。此举实为富国强兵的方法，更

———————

[1] 石磊、董昕：《商君书译注·来民第十五》（哈尔滨：黑龙江人民出版社，二〇〇二年），页一〇二—一〇四。

为旷古绝今的创举。

3.连坐法：变法规定"五家一伍，十家一什"。不告奸即获罪连坐而"腰斩"，"告奸者与斩敌首同赏"，[1]此举杜绝了一切罪行，特别是防范了有异心投敌者之可能性。

（二）政治方面

1.行政改革：县制的设计，实际是将官员之任命权力掌握在君主手中，实行中央集权，从而令全体大小官员效忠于君主。这也是后来秦始皇（前二五九—前二一〇；前二四六—前二一〇在位）郡县制之雏形。

2.官僚制：打破了西周以来的世卿世禄制，让庶民阶层的精英进入统治阶层，同时又解除了世卿世禄所形成的地方势力对君主统治的威胁。

3.迁都：选择战略要地，迁都咸阳，此处依山带水，辐射八方。

（三）经济方面

1.垦草令、开阡陌、废除"井田制"：即开垦

---

[1] 司马迁著，王利器主编：《史记注译·商君列传第八》，第三册，卷六八，页一六九〇。

土地，以利农业发展。秦国当时位于西戎之地，有很强的游牧色彩。废除井田制，是因为其时铁器已被广泛使用，生产力也提高了，故将过去一百步为一亩，改为二百步为一亩，大大提高了农民的耕种意愿，同时又能降低赋税。

2. 奖耕织富国：此措施奖励产量高的男女，即使不打仗，也可以封爵。

3. 征收赋税："赋"从"贝"从"武"，即养军队的钱。变法废除奴隶，对世族强行分家，分家即增加户口，能提高税收。此举征收了大家族众多人口的税款，从而可以投放更多资源在军队建设上。

4. 打击工商业：政治上不给予地位，经济上剥削商人，使经济命脉均掌握于政府手中。

5. 统一度量衡：既方便公平贸易，也确保国家收入。

以上在经济方面的变法，既是利民、便民之法，更是富国、强国之策。

（四）军事方面

1. 行军功爵制：即按军功赐爵位，"有军功者，各以率受上爵"[1]。"率"，即敌军首级，秦国军队是以

---

[1] 司马迁著，王利器主编：《史记注译·商君列传第八》，第三册，卷六八，页一六九〇。

人头数目计算军功的，斩一首级可获一爵位，获土地一顷，或可以当五十顷的官。

2. 以军功入籍："宗室非有军功论，不得为属籍。"[1] 以军功明尊卑爵秩等级，杀敌的数目均有严格而具体的要求与赏罚。又评先进，黜落后，此举令宗室与庶民处于同一起跑线上，无疑是对庶民的绝大鼓舞。在战场上，将军、正监以及御史一同登台监察士兵在实战中的表现。[2] 军功爵制令本来畏战厌战的人性，突然变为好战勇战，成为庶民觅富贵求上升的捷径。这种奖励方法，激活了人性中的利欲细胞，故秦国士兵上阵，名为打仗，实际上都是捡拾黄金功名及土地，个个奋不顾身，杀人如收割，故"民喜农而乐战"[3]。对于秦兵在战场上奋勇杀敌的表现，张仪生动地描述为"左挈人头，右挟生虏"，他又将秦国士兵与六国士兵分别喻为"孟贲之与怯夫""乌获之与婴儿"。[4] 秦国兵将如狼似虎与六国士

----

[1] 司马迁著，王利器主编：《史记注译·商君列传第八》，第三册，卷六八，页一六九〇。

[2] 石磊、董昕：《商君书译注·境内第十九》（哈尔滨：黑龙江人民出版社，二〇〇二年），页一三一—一三二。

[3] 石磊、董昕：《商君书译注·壹言第八》（哈尔滨：黑龙江人民出版社，二〇〇二年），页六八。

[4] 司马迁著，王利器主编：《史记注译·张仪列传第十》（西安：三秦出版社，一九八八年），第三册，卷七〇，页一七三七。

兵怯懦的情态，可见一斑。

相对于六国变法之片面而短促，商鞅变法更见彻底而深远。其变法的重点在于废除奴隶制，从而释放出秦国蕴藏已久的庞大能量，特别在军事与经济上带来实时的实际效益，故而秦国能在短时间内骤强。而变法之基本核心政策乃农战结合："国待农战而安，主待农战而尊。"[1] 商鞅入秦主变法，"居五年，秦人富强，天子致胙于孝公。诸侯毕贺"[2]。秦国变法后的内部情况则是：

> 行之十年，秦民大说，道不拾遗，山无盗贼，家给人足。民勇于公战，怯于私斗，乡邑大治。[3]

私斗既去，既减少了长年的大量人口死亡，又建立了为国而战以立功的观念，从而凝聚了全国民心。秦国在商鞅变法后迅速崛起，已非六国任何

---

① 石磊、董昕：《商君书译注·农战第三》（哈尔滨：黑龙江人民出版社，二〇〇二年），页二〇。

② 司马迁著，王利器主编：《史记注译·商君列传第八》，第三册，卷六八，页一六九一。

③ 司马迁著，王利器主编：《史记注译·商君列传第八》，第三册，卷六八，页一六九一。

一国可以抗衡了，这引发了六国的恐慌，从赵国公子赵豹（生卒年不详）进谏赵惠文王（前三一〇—前二六六）的一番话，可见列国对秦国之富强的认知：

秦以牛田[①]、水通粮，其死士皆列之于上地，令严政行，不可与战。

后来的两位秦相蔡泽（生卒年不详）与李斯（前二八〇—前二〇八）均不约而同地给了商鞅变法极高的评价。蔡泽指出商鞅变法后的秦国："兵动而地广，兵休而国富，故秦无敌于天下。"[②]而李斯则认为商鞅变法在整体上令秦国："移风易俗，民以殷盛，国以富强，百姓乐用，诸侯亲服"，"举地千里，至今治强"。[③]由此可见，商鞅变法，内外威服。

---

① 从山西浑源出土的牛尊可见，春秋后期晋国的牛已穿有鼻环，说明牛已被利用从事劳动或牛耕。见杨宽《战国史（增订本）》，页七八。而从赵豹进谏赵惠文王之言则可推测，以牛耕田在东方六国可能并未普遍推行，至少在赵国并不流行，故以"秦以牛田"为先进。

② 司马迁著，王利器主编：《史记注译·范雎蔡泽列传》（西安：三秦出版社，一九八八年），第三册，卷七九，页一八六〇。

③ 司马迁著，王利器主编：《史记注译·李斯列传》（西安：三秦出版社，一九八八年），第三册，卷八七，页一九六八。

战争，体现了商鞅变法所带来的最实际贡献，秦国通过"元里之战""安邑之战"以及"固阳之战"收回了被晋国所占的河西之地。"安邑之战"后，秦国甚至占了魏国的旧都安邑，不过后来还是撤退了。因为"安邑之战"的胜利，周天子封秦为诸侯国，秦国在列国中之地位，骤然提升。

然而，商鞅如此雷厉风行地推行变法，必然触及贵族的利益，"商君相秦十年，宗室贵戚，多怨望者"[1]。商鞅所强调的都是"不和于俗"、"不谋于众"、以权驭民的极权思想[2]，故此秦国上下方能迅速成为虎狼之师的"新军国"，不过其严苛之法治却令他最终不容于世。秦惠文王继位后，商鞅即被与他有仇的公子虔诬告谋反，被处以车裂之刑致死。

无论如何，商鞅变法确实令秦国迅速富强并成为"新军国"，这是不争的事实。历史的天平，终于在商鞅变法之后，倾向了西陲的秦国。从此，秦国国力集中，君民一心，犹如利箭，射向东方。

---

[1] 司马迁著，王利器主编：《史记注译·商君列传第八》，第三册，卷六八，页一六九二。

[2] 司马迁著，王利器主编：《史记注译·商君传列第八》，第三册，卷六八，页一六九〇。

四、决荡天下

"决荡"，顾名思义，乃驰骋沙场，兵戎相见。欲问鼎中原，则必须与列强决荡天下。从战国开始（前四七五）至秦始皇统一天下（前二二一）的二百五十五年间，战国共有大小战争近一百六十次，单是从秦孝公即位（前三六一）到秦始皇统一天下（前二二一）这一百四十年间，秦国总共发动约一百一十八次对外战争，只有少数是败绩，其他几乎是所向无敌。[①] 而从公元前三六四年（秦献公二十一年）至公元前二三四年（秦王政十三年），据统计，秦国总共斩杀了大约一百六十二万五千名六国士兵。[②] 由以上数据可见战国的战争规模及其残酷情况[③]，远非春秋时代可比。在这些战争中，有不少战争或因奇谋诡计，或因残酷惨烈，而流传至今。此中以秦、赵两国的"长平之战"最为凶险惨酷，其峰回路转的战况及惨痛的教训，令此役成为战争

① 黄煌雄：《论战国时代的合纵与连横》（台北："台湾大学政治研究所"硕士论文，一九七一年），页一四七—一七三。

② 杜正胜：《编户齐民——传统政治社会结构之形成》（台北：联经出版社，一九九〇年），页三九六。

③ 有关战国时期的武器改良、战争规模之扩大以及战争方式之改变，可参阅杨宽《战国史（增订本）》，页三〇三—三一七。

的典范。

（一）桂陵之战

公元前三五四年，魏惠王派庞涓（？—前三四二）率兵进攻赵国，逼近邯郸。赵成侯（？—前三五〇）向齐国求救，齐威王以田忌（生卒年不详）为主帅，孙膑（？—前三一六）为军师，出兵救赵。田忌接受孙膑的意见，没有前往邯郸解围，而是领兵杀向魏国都城大梁，直捣黄龙，遂逼令庞涓星夜回援。齐军埋伏在桂陵（今山东菏泽东北），静待魏军，此际魏军长途行军，人困马乏，面对突如其来的伏击，自然全线溃败。这就是著名的"围魏救赵"，又称"桂陵之战"。[①]

（二）马陵之战

公元前三四一年，魏国与赵国一起进攻韩国，韩国向齐国求救。齐国仍派田忌、孙膑率军解救韩国。齐军佯败后退，第一天留下了十万人做饭的锅灶，次日减少至五万人的锅灶，第三天再减少到

---

① 司马迁著、王利器主编：《史记注译·孙子吴起列传第五》（西安：三秦出版社，一九八八年），第三册，卷六五，页一六三六—一六三七。

三万人的锅灶。庞涓以为齐军逃亡的情况很严重，故而穷追不舍。此际，孙膑在马陵设下埋伏，及至魏军赶至，齐军万弩齐发，魏军"大乱相失"，魏太子申被掳，庞涓自刎。这就是著名的"马陵之战"。[①]经此一役，魏国一蹶不振，从此无法抗衡强秦。

（三）阏与之战

公元前二八一年，秦国攻取赵国三城后，赵国以公子部为人质送往秦国，并与秦签订以焦、魏、牛狐交换三城的协议，然而赵惠文王反悔。秦昭王（前三二五—前二五一）以赵国不履行协议为由，派胡阳（生卒年不详）率大军进攻赵国的阏与。秦攻打阏与可谓一石二鸟，占有此地既可攻打魏的都城大梁，亦可攻打赵的都城邯郸。赵惠文王于是召问廉颇（前三二七—前二四三）救不救阏与，廉颇答曰："道远险狭，难救。"[②]赵惠文王又召问赵奢，回答曰："其道远险狭，譬之犹两鼠斗于穴中，将勇者胜。"[③]

---

① 司马迁著，王利器主编：《史记注译·孙子吴起列传第五》，第三册，卷六五，页一六三七。

② 司马迁著，王利器主编：《史记注译·廉颇蔺相如列传第二十》（西安：三秦出版社，一九八八年），第三册，卷八一，页一八八六——八八七。

③ 司马迁著，王利器主编：《史记注译·廉颇蔺相如列传第二十》，第三册，卷八一，页一八八七。

于是，赵惠文王命赵奢率军驰援阏与。

赵奢军出邯郸三十里即筑垒扎营，按兵不动，此举令秦军甚为迷惑。秦军于是分一部分兵力进屯武安（今湖北武安西南）西面，击鼓呐喊，欲诱赵军援救武安，从而达到钳制赵军的目的。赵奢仍然不为所动，驻屯二十八天之后，仍继续增强营垒防御，以营造赵军唯保邯郸的怯懦假象。秦军主帅胡阳从间谍方面得知赵军一切情况，以为阏与必是囊中之物，遂放松戒备。赵奢得悉秦军已上套，遂令全军偃旗息鼓，疾驰两天一夜，赶到距阏与城五十里处筑垒设营。秦军突闻赵国援兵到来，仓促分兵迎击。赵奢采纳军士许历（生卒年不详）的建议，派兵万人抢占阏与北山高地。秦军后到，攻山不下。赵奢乘势居高临下，猛击秦军。与此同时，阏与的守军也出城配合援军，两方夹击，秦军死伤逃散过半，大败而归，阏与之围遂解。

赵奢是一位智勇双全、卓越的军事家，在《战国策》的《赵惠文王三十年》与《燕封宋人荣蚠为高阳君》两章中，赵奢与田单（生卒年不详）有关战争投入人数的辩论，以及其有关军事的一切细节和预测都充分表现了他的才智。不过，赵奢在军事理论上的辩论仍不敌其子赵括（？—前二五九），可惜赵括在舌

尖上的军事胜利，却令赵国遭受了一场灭顶之灾。

（四）长平之战

自秦昭王听从范雎"远交近攻"策略后，战场选择在韩国的上党。岌岌可危的上党守将冯亭（？—前二六〇）没有接受韩王投降秦国之命令，而是将上党十七城交给了赵国。其时，赵国君臣为此反复思量，最终还是接受了冯亭的献城。随之而来的当然是秦国的大兵压境。战争从公元前二六二年夏天开始，赵国的廉颇与秦国的王龁（生卒年不详）各为双方主帅，"秦数败赵军，赵军固壁不战。秦数挑战，廉颇不肯"[1]。赵孝成王（？—前二四五）见战事不力，便派使求和。秦国于是邀请各国使者与赵使一起参加宴会，致使他国袖手旁观，不援赵抗秦。此时，赵孝成王开始沉不住气，决定撤下廉颇，换上赵奢之子赵括[2]，"纸上谈兵"的悲剧即由此上演。

---

[1] 司马迁著，王利器主编：《史记注译·廉颇蔺相如列传第二十》，第三册，卷八一，页一八八七。

[2] 《史记》的记载与《战国策》略有不同的是，赵孝成王相信秦国间谍之言："秦之所恶，独畏马服君赵奢之子赵括为将耳。"而在赵孝成王将以赵括代替廉颇为将时，在病中的名相蔺相如与赵括之母均曾上书赵王力谏不可以起用赵括，皆不为赵王所纳。见司马迁著，王利器主编《史记注译·廉颇蔺相如列传第二十》，第三册，卷八一，页一八八七——一八八八。

赵括到了前线后，"悉更约束，易置军吏"。①
他改变了攻防策略，换掉了原来的军吏。据说，八
位校尉为赵括之战略而上谏，因被拒而自杀。秦国
知道敌军换将，亦悄悄换上了号称"人屠"的大将
白起（？—前二五七）为主帅，并以王龁为副帅。
两军交战，秦军先示之以弱，令赵军追击。接着，
秦军派两支奇兵迂回到达赵军后方，将赵军与其后
方辎重隔开，即断其粮草补给。与此同时，秦国征
召全国十五岁以上的男丁投入战场，大大增加了赵
军的压力。赵国只好向齐国求援，周子（生卒年不
详）向齐王道出了"唇亡齿寒"的道理，齐王不悟。
公元前二六〇年九月，赵军绝食四十六天后，出现
了士兵相食的情况。赵括决定突围，据记载："四五
复之，不能出。"②赵括于是"出锐卒自搏战"③。不过
这只是垂死挣扎，结局是赵括被秦军射杀。其时，
白起上报朝廷将坑杀全部赵军，理由是：

---

① 司马迁著，王利器主编：《史记注译·廉颇蔺相如列传第二十》，
第三册，卷八一，页一八八八。

② 司马迁著，王利器主编：《史记注译·白起王翦列传第十三》（西
安：三秦出版社，一九八八年），第三册，卷七三，页一七七七。

③ 司马迁著，王利器主编：《史记注译·白起王翦列传第十三》，
第三册，卷七三，页一七七七。

> 上党民不乐为秦而归赵。赵卒反复，非尽杀之，恐为乱。[①]

这绝对是借口，推其原因，大概是此次战役异常惨酷艰苦，秦军死伤过半，白起以及秦军怨毒复仇之心非常炽烈；更为关键的是，秦国的军功爵位制度早已决定了四十多万赵军的命运，故此秦军：

> 乃挟诈而尽坑杀之，遗其小者二百四十人归赵。前后斩首虏四十五万人。赵人大震。[②]

经过此役，秦国之长矛深入东方中心地带，锐气百倍，而六国则因此役之震慑而信心崩溃，犹如惊弓之鸟，基本上已处于苟延残喘的状态了。

"长平之战"的历史意义在于秦国彻底地击溃了六国的主要力量，故杨宽（宽正，一九一四—二〇〇五）先生指出：

[①] 司马迁著，王利器主编：《史记注译·白起王翦列传第十三》，第三册，卷七三，页一七七七。

[②] 司马迁著，王利器主编：《史记注译·白起王翦列传第十三》，第三册，卷七三，页一七七七。

长平之战关系到秦赵两强的兴亡，这将决定今后由谁来完成统一的大决战。[1]

变法之深浅决定了战争之胜负，更影响国家之存亡。唯有秦国，将全民与战争利益相结合，利出一孔，使整个国家成为一部战争机器，故而所向披靡，这远非赵国只在军事上的"胡服骑射"变法可比，更遑论变法中途夭折的其他国家。在"长平之战"中，秦国的军事及其动员能力之强大，折射出秦国与六国在变法上的巨大差异，成败立判。

五、问鼎中原

其时，群雄厉兵秣马，枕戈待旦。漫漫长夜，中原九鼎，究竟花落谁家？钱穆先生在论及民族与国家历史之演进时提出两个概念，即"生力"与"病态"：

生力者，即其民族与国家历史所由推进之

① 杨宽:《战国史（增订本）》，页四一六。

根本动力也。病态者，即其历史演进途中所时时不免遭遇之顿挫与波折也。[1]

借用钱先生这两个概念而论战国，七雄皆有其"生力期"与"病态期"，不同之处在于秦国在秦孝公所言之"厉、躁、简公、出子"这四位秦君在位的"病态期"之后[2]，从秦献公（前三八四—前三六二在位）至秦始皇（前二五九—前二一○；前二四六—前二一○在位）共八代君主的统治期间，能迅速返回长达近二百年的"生力期"。然而，六国一旦进入"病态期"，即病入膏肓，沉疴难起。以下叙述的是秦国之"生力期"，再论六国之"病态期"，以呈现强弱之所在。

（一）秦国之"生力期"

秦国在漫长的三十六代君主、共六百年的奋斗中，有数位君主对秦国的崛起及一统天下，有绝对的决定性作用。

---

① 钱穆：《引论》，《国史大纲》，上册，页二五。

② 秦国的厉公、躁公、简公及出公四位君主在位时间分别为前四七六—前四四三、前四二一—前四二九、前四一四—前四○○，以及前三八六—前三八五。

周幽王（前七九五—前七七一）烽火戏诸侯，令此危机告急系统失灵，及至西戎入侵时，真正前来勤王的诸侯少之又少，而秦襄公（？—前七六六）则"战甚力，有功"[1]。幽王死后，在秦襄公护送之下东迁的平王自然没齿难忘，于是封秦襄公为侯，又赐封西戎之地，即现在的甘肃与陕西等地。襄公立国，乃秦国发展史上一大里程碑："襄公于是始国，与诸侯通使聘享之礼。"[2]然而，这些地方仍为西戎所控制，故秦襄公须凭征伐以求名副其实。可惜的是，从秦襄公战死以至其后的七代君主，在近一百七十年的时间里，秦国始终无法取得周天子册封的西戎之地，也就是说秦国在接近两个世纪的时间中，都是空有其名。

及至第八代，求贤若渴的秦穆公（？—前六二一；前六五九—前六二一在位）千方百计得到西戎贤者由余，由余遂向秦穆公道出西戎的治国方法："一国之政犹一身之治。"[3]穆公于是按由余的策

① 司马迁著，王利器主编：《史记注译·秦本纪第五》，第一册，卷五，页九〇。

② 司马迁著，王利器主编：《史记注译·秦本纪第五》，第一册，卷五，页九一。

③ 司马迁著，王利器主编：《史记注译·秦本纪第五》，第一册，卷五，页九六。

略攻打西戎，结果"益国十二，开地千里，遂霸西戎"①，天下震动，周天子送来金鼓以示祝贺。由此，秦国方才成为真正的诸侯国。后来，商鞅变法所设立的军功爵制，基本是将西戎这种治国理念发挥至极致，使全民皆兵，利出一孔，故而无敌于天下。

秦穆公锐意东进，广招贤才，百里奚（生卒年不详）与蹇叔（生卒年不详）均为其股肱大臣。此外，秦又三救晋难，在列国间树立道义的形象。穆公意在东进，力图突破晋国这一阻挡秦国杀向东方的厚墙，他在临死前三年，仍然出兵攻打晋国，可见其雄心，至死方休。秦穆公死后近二百六十年，即近两个半世纪，秦国十五代君主皆碌碌无为。魏国起用吴起为将，屡败秦军，攻入关中腹地。及至秦孝公继位后第六年，商鞅被任为左庶长，推行变法，前后共十八年，整个秦国从此奋发蹈厉，再度燃烧起先辈东进之烽火。

秦昭王在位期间（前三〇六—前二五一），原来列国的格局是秦、齐、楚三强并立，然而自齐吞燕，燕又灭齐，齐再复国后，燕与齐已两败俱伤。与此

---

① 司马迁著，王利器主编：《史记注译·秦本纪第五》，第一册，卷五，页九一。

同时，赵国又以胡服骑射而迅速崛起。秦国如何应对这新的格局呢？秦昭王三十六年（前二七一），范雎入秦，其时秦国政治仍为宣太后与魏冉所主导，彼等的私人势力包括芈戎（生卒年不详）、高陵君（生卒年不详）以及泾阳君（生卒年不详）这些权贵，秦昭王形同虚设。因此，入秦后急于有所作为的范雎为了刺激秦昭王便直说："今秦，太后、穰侯用事，高陵、泾阳佐之，卒无秦王。"（《卷五·秦策三·范雎至秦》）范雎指出宣太后与穰侯魏冉对秦国发展的妨害，前者乃秦王之母，后者乃秦王之舅，这两人长期剥夺了秦昭王的权力，魏冉更为了壮大其封邑而牺牲了秦国的利益。范雎又提出远交近攻的策略，指出当前秦国出兵策略的失误，建议先攻打魏国，使其依附秦国，再攻荥阳以灭韩。范雎列出秦国近几年的失误，进而说：

> 王不如远交而近攻，得寸则王之寸，得尺亦王之尺也。（《卷五·秦策三·范雎至秦》）

其实，司马错早已提出类似的策略，而范雎则以简单直白的话道出。其"远交近攻"的方法为：

卑词重币以事之；不可，则割地而赂之；
不可，因举兵而伐之。(《卷五·秦策三·范雎
至秦》)

以上一席话，内政与外交兼顾，既有长远的东
进方针，亦有立刻可执行的短期具体行动，堪称是
非常成功的职场面试。范雎于是取代了魏冉，成为
秦国丞相。其"远交近攻"的战略，令秦国处于一
种弹性的外交状态，威逼利诱，软硬兼施，各国被
操纵于其股掌之中，或沦为帮凶，或相互倾轧，秦
国因而日益扩张，而六国则日渐萎缩。

及至公元前二四六年至公元前二一○年的
三十七年之间，秦国三十五代以来，以至于整个战
国时期最具雄才伟略的秦王嬴政登上历史的大舞台，
他在秦国过去近一百六十年对六国的摧残基础上，
进行了最后的猛烈扫荡。公元前二三一年开始，在
李斯、尉缭(生卒年不详)、蒙恬(? —前二一○)
以及王翦(生卒年不详)等文武精英的协助下，秦
王嬴政开始了统一全国的战争，顺序如下：公元前
二三○年，灭韩；公元前二二九年，灭赵；公元前
二二五年，灭魏；公元前二二三年，灭楚；公元前
二二二年，灭燕；公元前二二一年，灭齐。秦王嬴

政终于结束了春秋战国数百年的乱局，统一中国，并自称"始皇帝"。李白为此曾倾情讴歌：

秦皇扫六合，虎视何雄哉。挥剑决浮云，诸侯尽西来。[①]

（二）六国之"病态期"

1. 齐

公元前三三四年，齐威王与魏惠王"会徐州相王"，正式称王。然而，在齐威王晚年的时候，丞相邹忌与将军田忌（生卒年不详）争权，公元前三二二年，田忌攻临淄，求邹忌，不胜，逃亡楚国。将相不和以致内乱，齐国已渐露衰象。

公元前三一四年，燕国发生"子之之乱"，齐宣王（？—前三〇一）命匡章（生卒年不详）率"五都之兵""北地之众"伐燕，一度占领燕国，烧杀抢掠，毁其宗庙，埋下了日后燕昭王复仇的伏线。而齐闵王（前三〇〇—前二八四在位）在位十六年期间，因为连续的错误策略，加上燕昭王的间谍苏秦

---

① 李白著，鲍方校点：《古风五十九首·其三》，《李白全集》，页一二。

从内部破坏，导致齐国开始迈向衰亡。齐闵王被苏秦诱骗而灭宋，以致受到以燕国为首的联军攻打，燕国人将乐毅（生卒年不详）连下齐国七十城，这个东方大国终于轰然崩塌，齐闵王亦死于此役。即使后来田单艰苦复国，亦始终一蹶不振。最后的齐王建（前二八三—前二二一）在位四十多年，终为秦王所诱骗而灭国。

2. 楚

楚国之衰落始于楚怀王（前三六〇—前二九六；前三二八—前二九九在位）。楚怀王曾重用屈原（前三四〇—前二七八）等大臣进行变法，却引来贵族的强烈反对，以致变法失败。

楚怀王为了得到张仪提出的六百里"商於"之地，中途背弃与齐国攻秦的盟约，可谓见利忘义；及至知道受骗又不能冷静地听从陈轸（生卒年不详）之计，终招侮辱而为秦、齐所败。（《卷四·秦策二·齐助楚攻秦》）后来，张仪终于落网，楚怀王不但不除大患，反倒听信夫人郑袖（生卒年不详）之言而放虎归山。释放张仪之后，靳尚（生卒年不详）被仇人所杀，楚怀王却以为靳尚乃张仪所害，从而又引发了秦、楚之战。由以上例子可见，楚怀王一直将国家推向灾难的境地。（《卷十五·楚策二·楚怀

王拘张仪》）更为致命的是，公元前二九九年，晚年的楚怀王被秦昭王骗往秦国会盟，终被囚致死。从秦国对楚国的策略可见，楚国完全被秦国玩弄于股掌之中。

公元前二八〇年，秦伐楚，楚军败。秦昭王诈以公主许配给楚襄王（前二九八—前二六三在位），屈原长跪城外力谏不果。公元前二七八年，秦军趁襄王开城迎亲之际，长驱直进攻入楚都郢，屈原投河自尽，此亦为楚国绝望之象征。

3. 燕

战国七雄之中，燕国位处北方，由于地处北方边陲，燕国常遭异族骚扰，而与中原国家则较少互侵，至于强秦更是鞭长莫及。然而，公元前三一六年，燕王哙（？—前三一四）突发奇想地禅位于丞相子之（？—前三一四）。子之即位后，国内反对禅位者与支持者发生冲突。齐国宣称为了"废私立公"而趁机伐燕，可是与齐国有联系的燕太子平（？—前三一四）亦死于战乱之中。齐军入燕后大肆抢掠，毁燕宗庙，虽然燕人奋力抵抗，但已濒临亡国。[①] 赵武灵王有见及此，遂扶立在韩国的公子职，即后来

---

① 杨宽：《战国史（增订本）》，页一七四—一七六。

奋发图强的燕昭王。

燕昭王"卑身厚币,以招贤者"(《卷二十九·燕策一·燕昭王收破燕后即位》),礼贤下士。大臣郭隗(生卒年不详)又以"千金市马骨"为喻引导昭王招贤纳士,自此之后,"士争凑燕"。(《卷二十九·燕策一·燕昭王收破燕后即位》)燕昭王的纳贤模式,为李白所讴歌:

> 燕昭延郭隗,遂筑黄金台。
> 剧辛方赵至,邹衍复齐来。[1]

最为关键的是,策士中的典范人物苏秦前来帮助燕昭王。苏秦揣摩到燕昭王的心理乃报齐国入侵之仇,于是自愿前往齐国内部当卧底,先挑拨齐、赵两国,再伺机行事。[2]其后,苏秦的具体行动是唆使齐国占领并独吞宋国,从而激发诸侯国对齐闵王的不满,终令齐国四面楚歌。齐闵王狂妄昏昧,又违背了赠地予赵国信阳君李兑(生卒年不详)的承

---

① 李白著,鲍方校点:《古风五十九首·其十五》,《李白全集》,页一五。

② 刘向著,何建章注:《战国从横家书·苏秦自齐献书于燕王章》,《战国策注释》,下册,页一三二一。

诺，此际正是苏秦与燕王之良机，于是联合五国伐齐。燕国派大将乐毅出征，连下齐国七十城，除了莒与即墨两城之外，齐国全部沦陷。苏秦是战国时期著名的纵横家，也是卓有成就的间谍，可是其下场却极度惨烈。齐闵王最终知道苏秦的间谍身份，乃以大鼎烹煮苏秦，而齐闵王却为前来援助的楚将淖齿（？—前二八三）抽筋致死。

乐毅，既是燕国的主将，亦是攻齐联军的主帅。虽然乐毅连下齐国七十城，但始终无法攻陷齐国的莒与即墨两城。就在乐毅将集中兵力攻击顽强抵抗的莒与即墨之际，燕昭王却不幸死亡。新即位的燕惠王（？—前二七一）与乐毅有隙，齐国于是立即实行反间计，诬陷乐毅久攻不下莒与即墨，乃有意在齐称王。燕惠王于是派骑劫（生卒年不详）取代乐毅，乐毅亦知情况不妙，于是立刻投奔赵国。骑劫不久便被齐国的田单击败，齐复国。燕惠王之无能而令乐毅去国，实乃自毁长城。

及至燕王喜（前二五四—前二二二在位）时，太子丹（？—前二二六）在国家危急之际亟想有所作为，于是派荆轲（？—前二二七）行刺秦王嬴政，（《卷三十一·燕策三·燕太子丹质于秦亡归》）轻率鲁莽，可谓病急乱投医，益加速其败亡。

4. 韩

韩国是三晋之中土地最小、位置最不利的国家，其四周都是强国，北为魏国、赵国，东为齐国，南为楚国，西为秦国，地处秦、齐、楚、魏、赵五强国之间。韩国战略位置重要，可是四周强邻压境，而且地瘠、民贫、国弱，张仪描述如下：

> 韩地险恶山居，五谷所生，非菽而麦，民之食大抵菽藿羹。一岁不收，民不餍糟糠。地不过九百里，无二岁之食。[1]

韩国的地理位置险恶，但有险可守，虽然地瘠民贫，但武器精良，"带甲数十万，天下之强弓劲弩，皆从韩出"，战士勇敢。[2]故公元前三七五年，韩曾以此强兵从成皋出兵，灭了郑国。(《卷二十六·韩策一·三晋已破智氏》)

韩昭侯时任申不害为相，展开变法，十四年间，据说"修术行道，国内以治，诸侯不来侵

---

[1] 司马迁著，王利器主编：《史记注译·张仪列传第十》，第三册，卷七〇，页一七三七。

[2] 司马迁著，王利器主编：《史记注译·苏秦列传第九》，第三册，卷六九，页一七〇四。

伐"[1]。而实际上，从《战国策》的记载可见，申不害并非良相，他虽以法家思想推行变法，却为堂兄徇私求官；被韩王质疑时，他又以阿谀奉承的方式蒙混过关。

由于韩国地处黄河中游地区，其东部与北部均为魏国所包围，西则有秦国，南有楚国以及小国东周，几乎处于包围圈之中；加上韩国的国土面积是最小的，故屡遭列强欺凌，甚至沦为魏、齐之间的争霸资本。例如，发生于公元前三四一年的"马陵之战"，便是围魏救韩所引发的。及至秦、楚争霸之际，秦国又要挟韩、魏共同伐楚。战国末期的韩国，基本已成了秦国与东方列国的缓冲地，苟延残存。公元前二六二年，秦国大举进攻韩国上党，上党不愿被秦占有，于是献城降于赵国，从而引发了长平之战。韩国的一步错棋，导致了七国博弈的彻底失衡，这亦可见合纵之失败。两场左右战国局势之大战均由韩国引起，充分体现了韩国被列强欺凌的困境。公元前二三〇年，韩国军队屡战屡败，成为山东六国中第一个被秦所灭的诸侯国。

——————————

① 司马迁著，王利器主编：《史记注译·韩世家第十五》（西安：三秦出版社，一九八八年），第二册，卷四五、页一三七五。

5. 赵

赵的国土在原来晋国的北部，赵的南方有魏国、韩国，"东有燕、东胡之境，而西有楼烦、秦、韩之边"[1]，东有齐国燕国，西有秦国，赵烈侯以公仲连为相实施变法，以法家思想"选拔人才、处理财政和考核臣下成绩"，又以儒家思想进行教化，[2] 故杨宽先生指出"赵国自从赵烈侯进行了社会改革，到赵敬侯时，开始强大起来，迁都到邯郸"[3]。

赵国地处北方，常受匈奴以及北方少数民族侵略。长年的边患，深深地刺激了欲有作为的赵武灵王。赵武灵王敏锐地观察到西北的重要性，他认为要逐鹿中原，必须拥有草原上的战马与皮革，而更重要的是游牧民族的骑射本领。十九年春天正月，赵武灵王会诸大臣，决定攻打中山国。赵武灵王在黄花山上与大臣楼缓（生卒年不详）道出他希望用胡狄之力而不扰民以强大，决定"胡服骑射以教百姓"（《卷十九·赵策二·武灵王平昼闲居》）。中原服装与"胡服"之分别在于前者是上衣下裳，宽袍大

---

① 司马迁著，王利器主编：《史记注译·赵世家第十三》（西安：三秦出版社，一九八八年），第二册，卷四三，页一三二二。

② 杨宽：《战国史（增订本）》，页一九二。

③ 杨宽：《战国史（增订本）》，页二九五。

袖，这种装束只适合于车上作战，而不便于马上作战；而后者则是上戴惠文冠，代表勇敢善战，衣服则是上襦下裤，紧身袄与紧袖。胡服的特征，乃为了便于骑射作战而设。然而，赵国之变法仅限于军事范围，远不及秦国"商鞅变法"的全面而深入。而且，自赵武灵王提出"胡服骑射"的改革伊始，便遭到了贵族、大臣及将领的强烈反对，亦因此而埋下了杀身之祸。

赵武灵王联络林胡、楼烦等部落，以获取优良的马匹。与此同时，赵国军队中亦有边地的胡狄混杂其中，故能成功抗击北方的匈奴，以及在征伐宋国时，连续获得大胜。然而，在位二十七年后的赵武灵王（前三二五—前二九九在位）却做了一个极大的错误决定，他竟废黜太子章（？—前二九五），而传位于年幼的公子何，自称主父。他的目的是将权力交予次子，而自己则主力经营西北：

> 主父欲令子主治国，而身胡服将士大夫西北略胡地，而欲从云中、九原直南袭秦，于是诈自为使者入秦。①

---

① 司马迁著，王利器主编：《史记注译·赵世家第十三》，第二册，卷四三，页一三二四。

赵武灵王从小训练新君，又亲自经略西北，打算舍弃传统上从函谷关进攻秦国的方向，改为从九原（今包头）、云中（今托克托）直接袭击秦国。赵武灵王固然英武绝世，但他却缺乏政治斗争的经验，以为赵国上下一心，一切便可以由他任意指挥。关键的时刻终于来临了，在沙丘的家庭聚会中，原太子章及手下田不礼（？—前二九五）围攻赵惠文王（即公子何）与赵武灵王的行宫。此时，公子成（生卒年不详）与大臣李兑带兵消灭原太子章及田不礼，同时亦围困赵武灵王长达三个月之久，赵武灵王最终饿死。由此可见，赵武灵王决定推行"胡服骑射"之后所担忧的"世必议寡人"（《卷十九·赵策二·武灵王平昼闲居》）终于发生，原因就在于其背离习俗与传统。否则，以赵武灵王与军队密切的关系，又何致被公子成与李兑围困三个月之久而无人营救？实际上，这是公子成与李兑的贵族旧势力趁火打劫的一场宫廷政变。从此，赵武灵王苦心经营的胡服骑射及袭击秦国之策略，尽付流水。作为赵国灵魂人物的赵武灵王惨死，令赵国自此失去了竞争的理想而徒为守成之国，再也不是秦国的敌手了。纵使后来有名相蔺相如（前三二九—前二五九），又有赵奢、廉颇及李牧（？—前二二九）等名将的辅助，然而"长平之战"一役，

四十多万士兵被坑杀，大大震慑了赵国上下，这不但导致了不可估量的经济及军事损失，亦令军心崩溃，民心动摇。赵国随之衰落，亦是意料中事。

6. 魏

魏国是七国中最早因魏文侯的变法而兴盛的国家，魏文侯礼贤下士，经常与儒门弟子交往[①]，向他们学习，并任命李悝进行变法，令国家大治。外交方面，魏文侯成功化解了韩、赵之间的矛盾。(《卷二十二·魏策一·韩赵相难》) 故此，魏文侯在位期间（前四四五—前三九六），韩、赵、魏三家和平相处，这是导致秦国无法东进的基础。

魏文侯采用精兵政策，士兵必须经过严格的挑选，符合标准中选的士兵则成为专业的职业军人，可享受政府给予的优厚待遇，据《荀子·议兵》的记载：

> 魏氏之武卒，以度取之，衣三属之甲，操十二石之弩，负服矢五十个，置戈其上，冠胄带剑，赢三日之粮，日中而趋百里，中试则复

---

① 司马迁著，王利器主编：《史记注译·魏世家第十四》(西安：三秦出版社，一九八八年)，第二册，卷四四，页一三五三。

其户，利其田宅。[1]

如此精兵，经大将吴起之训练，遂成劲旅。魏文侯识见非凡，知人善任。李克（即李悝）评吴起曰："起贪而好色，然用兵司马穰苴不能过也"；然而魏文侯却称吴起"善用兵，廉平"，即廉洁平正，二人的评价可谓云泥之别。[2]实际上，吴起是身先士卒，爱兵如子：

卧不设席，行不骑乘，亲裹赢粮，与士卒分劳苦。卒有病疽者，起为吮之。[3]

如此爱兵如子又文韬武略兼备的将帅之才，世间罕有，魏文侯"乃以为西河守，以拒秦、韩"[4]。

另一方面，从魏文侯叮嘱西门豹为官治民之道的一席话，可见其深谙治民之道。(《卷二十二·魏

① 荀子：《荀子·议兵》(台北：台湾商务印书馆，一九七九年)，页一〇三。

② 司马迁著，王利器主编：《史记注译·孙子吴起列传第五》，第三册，卷六五，页一六三八。

③ 司马迁著，王利器主编：《史记注译·孙子吴起列传第五》，第三册，卷六五，页一六三八。

④ 司马迁著，王利器主编：《史记注译·孙子吴起列传第五》，第三册，卷六五，页一六三八。

策一·西门豹为邺令》）凡此种种，都表现出魏文侯心思不止于开疆辟土，更重视民生疾苦，希望通过抓好地方工作，改善民生。魏文侯这种宏观与微观并重的治国精神，在诸侯之中，极之罕见。在他的统治下，魏国的都城邺下成为当时的文化中心。

自魏文侯变法之后，从魏武侯（？—前三七〇）到魏惠王初期，除了之前获得的秦国河西地区、北方的中山国外，魏国还拥有三晋伐楚时在南方取得的郑、宋、楚三国间的大片土地，故魏惠王自认"晋国（此即魏国）天下莫强焉"[1]。而事实上，自魏武侯继位后，魏国已开始出现衰落的迹象。首先是人才离散，商鞅入秦，吴起赴楚，这都反映魏武侯无容人之量与缺识人之能。在争夺卫国的"刚平之战"中，韩、赵、魏三国之间失去了平衡，遂令秦国有机可乘。

至于在位长达五十年（前三六九—前三一九）的国君魏惠王，更决定了魏国的兴衰。首先，魏惠王迁都大梁（今开封）[2]，此举实乃将魏国推进四战之地，所谓"同微者相憎，同忧者相亲"，魏惠王迁都大梁，令赵、齐两国倍感威胁而结盟。公元前三五一年，魏归还邯郸予赵，并逼赵联盟，西向抗

---

① 毛子水等：《四书今注今译·孟子》，页一一。

② 因迁都大梁，故《孟子》一书中又称魏惠王为"梁惠王"。

秦，从而导致"秦王恐之，寝不安席，食不甘味"
(《卷十二·齐策五·苏秦说齐闵王》)。由此可见，在
商鞅变法初期，就连商鞅也自知秦国不及魏国强大。
然而，商鞅洞悉魏惠王亟于称王的欲望，故游说他
既要继续领导宋、卫、邹、鲁等小国，更要先行王
服，后图齐、楚。征伐比称王困难，称王则比征伐
更有满足感，魏惠王好大喜功，果然中了商鞅的缓
兵之计。故魏惠王在"逢泽之会"上，"乘夏车，称
夏王，朝于天子，天下皆从"(《卷六·秦策四·或
为六国说秦王》)。他又因为韩王没有出席"逢泽之
会"而决定征伐韩国。由以上的例子，可见魏惠王
之骄横跋扈、任意妄为。季梁(生卒年不详)于是
以"南辕北辙"为喻劝谏魏惠王，指出其治国方针
的方向性错误(《卷二十五·魏策四·魏王欲攻邯郸》)，
可是魏惠王对当时列国的复杂形势或一无所知，或视
若无睹，一味夜郎自大，终致魏国的大厦骤然倾倒。

公元前三五四年的桂陵之战与公元前三四一年
的马陵之战，魏国两度为孙膑所指挥的齐军所败，
太子申(生卒年不详)与庞涓被杀。从此，魏国急
剧衰落。

7. 小结

简而言之，正当六国均处于"病态期"之际，秦

国却经历绵长的"生力期",而且国力持续增强。自秦献公、秦孝公、秦惠文王、秦武王、秦昭王、秦孝文王、秦庄襄王及秦王政,八位君主历时近一百八十年(前三八四—前二一〇),皆雄才伟略,纵横决荡,志在问鼎。秦孝文王与秦庄襄王分别在位仅有一年与三年,虽无大作为,亦无过失,朝政亦一直运作正常。然而,六国则在"病态期"中苟延残喘,因各国之间的矛盾、冲突以及内部崩溃,直接削弱本国国力,并且间接促使秦国日益强盛。换言之,自秦献公至秦庄襄王的七代秦国君主,历时约一百四十年,各个君主均一致持续地攻击、摧毁六国,在六国全部进入"病态期"之际,恰好碰上具雄才伟略的秦王嬴政,秦国于是到达"生力期"的巅峰,遂以一敌六,摧枯拉朽,随心所欲,统一天下。

六、作者、版本及今注今译

(一)作者

战国时期,有人专门从事外交策略的研究,讲究揣摩君主心理,运用纵横捭阖的手腕,约结盟国,打击敌国,这便是纵横家。

纵横家非常重视游说之术，为了切磋说动君主的技巧，他们或以过往的事件，或就当下的情况，想象拟作，故此《战国策》有不少篇章雄辩滔滔，可是资料却不准确。有学者认为秦、汉之际的辩士蒯通是《战国策》的作者，亦有人认为是西汉的主父偃（？—前一二六）与邹阳（？—前一二〇）。或许，他们均为此书的汇编者，作者难以确定。[1]

（二）版本

西汉初年，先有异姓王之封，高祖刘邦（季，？—前一九五）、高后吕雉（前二四一—前一八〇）诛锄功臣之后，又分封宗室，局势类近战国，因而纵横权变之术得以继续流行。因为有市场潜力，所以西汉末年刘向便收编了《战国策》。

刘向奉诏校书的时候，看到了皇家图书馆中许多记载纵横家说辞的写本，内容庞杂，体例不一，文字错乱，其所见共六种版本，计有《国策》《国事》《短长》《事语》《长书》及《修书》。刘向认为这些都是战国时策士提出的策谋[2]，应称为《战国

---

[1] 郑良树：《作者》，《战国策研究》（台北：台湾学生书局，一九七五年），页一一二二；何晋：《〈战国策〉研究》（北京：北京大学出版社，二〇〇一年），页一五。

[2] 何晋：《〈战国策〉研究》，页一五。

策》，故按国别，略以时间编次，定为三十三卷。因此，《战国策》的书名乃刘向整理后所加。

此外，一九七三年在湖南长沙马王堆三号汉墓出土了一批帛书，其中有一部与《战国策》类似，被命名为《战国纵横家书》。此帛书共二十七章，有十一章被收入《战国策》与《史记》，其余十六章乃佚书。未经刘向编订的原始面貌，或可从此帛书窥见一斑。

《战国策》成书后，东汉学者高诱（生卒年不详）曾作注。及至北宋，原书已缺十一篇，再由曾巩（子固，一〇一九——一〇八三）访求，又重新补足了三十三卷。[1]到了南宋，姚宏（生卒年不详）搜罗了十几种版本，并在曾巩本的基础上加以整理、续注，通称"姚本"，流传至今。[2]此外，南宋鲍彪（文虎，生卒年不详）亦为此书作注，各国按王的顺序分章，暗寓为《战国策》重新编年之意。元代的吴师道（正传，一二八三——一三四四）又为鲍彪作了补正，称为"鲍本"。[3]如今所见的《战国策》属

---

[1] 郑良树：《散亡之开始与曾巩之整理》，《战国策研究》，页三三——四一。

[2] 郑良树：《姚宏的整理及其所采之版本》，《战国策研究》，页四二——六一；何晋：《〈战国策〉研究》，页一五六——一六二。

[3] 何晋：《〈战国策〉研究》，页一六二——一六九。

于"姚本"系统，其编排为：东周策一卷、西周策一卷、秦策五卷、齐策六卷、楚策四卷、赵策四卷、魏策四卷、韩策三卷、燕策三卷、宋卫策一卷、中山策一卷，共十二国，三十三卷。由此而言，《战国策》应该是以"层累"的方式成书的。[1]

然而，历来有关此书的评价并不高，或视之为"杀人自生，亡人自存"（秦宓语），或视之为"邪说"而欲"放而绝之"（曾巩语）。[2]这都是迂腐陈见。实际上，司马迁《史记》中有关战国的部分便是在《战国策》的基础上撰写而成的。至于《战国策》中的历史人物以及寓言故事，栩栩如生，寓意深刻，并早已家喻户晓，成为中国人集体记忆中的重要一节，由此可见《战国策》对中华文化的正面影响。

（三）今注今译及其意义

二十世纪有关《战国策》的相关研究，日趋开放而严密，此中大家包括何建章先生的《战国策注释》与缪文远等先生的《战国策新校注》及《战国

---

① 历史中"层累"的观念是由顾颉刚先生提出的，亦即胡适先生所说的"滚雪球"。相关论述可参阅陈岸峰《疑古思潮与白话文学史的建构：胡适与顾颉刚》（济南：齐鲁书社，二〇一一年），页四七一七八。

② 郑良树：《散亡之开始与曾巩之整理》，《战国策研究》，页三三一三四。

策全注全译》。[1] 前者只注而缺译，后者之《战国策新校注》只注缺译，而《战国策全注全译》在注释方面亦较为简单。然而，两位先生之研究，均乃倾心之作，亦为拙著的参考资料提供了不少方便，值得致敬。为方便读者，"新视野中华经典文库"之《战国策》注释与翻译并重，并配有导论与各卷导读，又去芜存菁，删却枝蔓，标准如下：

一、在历史进程中，有关键作用的篇章，如范雎晋见秦昭王，必选；

二、具文学价值，特别是其中包含的寓言已为家喻户晓的篇章，必选；

三、在各国中重复出现的同一事件，如有关长平之战，则择其详细者，删却片面而琐碎的篇章。

至于《战国策》的当代意义，则在于：

一、当今国际形势复杂，有心于外交者，或可从此书有所启悟；

二、考察历朝历代之兴衰，六国之覆亡，秦国之独大，既有各自的内部因素，又是彼此之间的相互作用所产生的博弈结局，不同界别之人士均可引

---

[1] 缪文远：《战国策新校注》（成都：巴蜀书社，一九九八年）；缪文远、缪伟、罗永莲译注：《战国策全注全译》（北京：中华书局，二〇一二年）。

以为鉴;

三、策士之忍辱含垢，辅助诸侯以问鼎中原，足为职场中人之学习典范。

七、总结

战国时期，固然是烽火连天，然亦是学术蓬勃之春天，百家争鸣，人才辈出。值得留意的是，中华民族在此际的大融合与整体素质的大提升。可以说，这是一个激情四射的烽火年代，这亦是中华民族从四分五裂走向秦、汉大一统盛世的前夕。

《战国策》的文风汪洋恣肆，情节波澜起伏；其内容错综复杂，列国的政治角力，值得再三咀嚼；此外，书中更有迂回曲折、引人入胜的类近小说的书写。秦国世代辛苦经营，虎视眈眈，六国又欲有所作为，故而苦苦挣扎。策士纵横，侠士悲歌，不论成败，皆是国士。此等人物，激荡了战国风云，改变了中国历史。同时，此书可谓是集政治、军事、外交乃至职场策略、修身之大全。一册在手，仿如智囊随身，启迪智慧，洞悟人生，终身受益。

《史记》导读

司马迁的盛世之忧与庶民情结

马彪

历史学博士、
日本山口大学东洋史研究室教授

《史记》真的很伟大，它不仅是文人眼中的天才之作、千古绝唱，而且是一部颇受庶民百姓喜爱的历史读物。

一、一部最适合寻常百姓阅读的"正史"

中国的老百姓不论老少妇孺，除了《三国》《水浒》《红楼梦》之外，随手拈来的历史故事十有八九来自《史记》：完璧归赵、胡服骑射、伯乐相马、毛遂自荐、河伯娶妻、荆轲刺秦、指鹿为马、鸿门之宴、四面楚歌、霸王别姬、韩信点兵、张骞通西域等比比皆是。

《史记》可谓中国文化宴席上的一道大菜，而且是一道特别符合老百姓口味的大餐。至少在"正史"之中适合老百姓阅读的，恐怕只有《史记》了。

为什么《史记》能够如此雅俗共赏呢？这也许是个智者见智、仁者见仁的问题。在大学执教秦汉史的二十余年，经常有学生问我："《史记》应该怎样读？"我总是回答说："《史记》就像一套巨大的连环画，只要你知道了作者的主导思想和全书的篇章结构，随心所欲地去读就是了。"

就我个人的体会而言，司马迁的盛世之忧最为文人所认可，《史记》中到处显现的庶民情结最能打动寻常百姓！然而，全书新颖而严谨的篇章结构又是作者思想、感情得以充分表达的硬件。

二、司马迁的身世及其对《史记》撰述的影响

还有一个问题是学生经常问到的，即司马迁到底是不是"宦官"？

作为太史令，司马迁继其父司马谈之后担任过史官，所以司马迁首先是史官；但他又在受宫刑后出任了中书令一职，中书令在汉武帝时期又的确由宦官担任，所以说他是宦官并不为错。

不过，司马迁并不是从一开始就以宦者身份进入官场的，所以历代学者并不把他列为宦官。

（一）建议先读《太史公自序》

为了了解作者身世及作品背景、时代，建议读者先读一下《太史公自序》。古人的书序不像我们今天是放在书的开头而是放在书尾，《太史公自序》亦不例外。不过，今人阅读《史记》当然还是按照今

日的习惯，先读《太史公自序》为好。

序中不但阐述了《史记》的编纂旨趣，而且叙述了司马氏的家传。

司马迁生活于西汉的武帝盛世，他于景帝中五年（前一四五年，一说前一三五年）出生于龙门（今陕西省韩城市），比汉武帝小十一岁，二人是同时代人。汉武帝十五岁登基，在位五十四年，是秦汉时期执政时间最长的皇帝，他统治的半个世纪不仅限于秦汉朝，在整部中国史上也堪称盛世。

这位"雄材大略"（《汉书·武帝纪》）的皇帝所创功绩数不胜数：以罢黜百家统一了思想意识，用削藩推恩加强了中央集权，以平准专卖充实了国家财政，此外还加强军备解除了匈奴边患并扩张了帝国版图，使汉朝成为当时世界上与西方罗马帝国并立的东方大帝国。

（二）生逢盛世的父子两代"太史令"

司马谈在武帝朝的前半期任职太史令约三十年之久，其子司马迁亦任太史令九年。"太史"，是汉朝执掌宗庙、礼仪之官太常的下属史官；"令"，即长官，俸禄为六百石，相当于地方上县的长官。司马谈因未能参加汉武帝封禅泰山的祭祀"发愤且卒"

（《太史公自序》）。

司马迁死于何年史无明文记载，一般认为约在武帝之死前后。司马父子最大的成就是编纂了中国第一部纪传体通史《史记》。他们为何要修史呢？第一，他们有一种盛世修史的意识。司马谈就说："今汉兴，海内一统，明主贤君忠臣死义之士，余为太史而弗论载，废天下之史文，余甚惧焉。"司马迁也说过："余尝掌其官，废明圣盛德不载，灭功臣世家贤大夫之业不述，堕先人所言，罪莫大焉。"这些话中虽然可能掺杂敷衍之词，但二人认为身处海内一统之盛世，作为史官而记载历史缔造者的事迹是自己义不容辞的职责。第二，《史记》是由司马谈提出计划，而主要由司马迁总其成的。

（三）阐述历史进程之中的"大义"

虽然很难分清父子二人谁写作的部分更多，但二人的指导思想不尽相同是肯定的：司马谈主张道家，司马迁则是奉行董仲舒的儒家公羊春秋学理念。所以就《史记》的主导精神而言，贯彻的还是儒家的理念。特别是司马迁有意识地秉承了孔子著《春秋》为的是明"大义"的精神，这一点非常重要，因为这决定了《史记》不可能是那种阿谀明主、讴

歌盛世的御用作品，相反，为了尊重并阐述历史进程之中的"大义"，即我们今天所说的历史规律，司马迁不得不经常以那些不致遭受批判的"微言"来表明自己的盛世之忧。这是我们在读《史记》时最应该注意的。那么，司马迁又是如何在如实记述盛世及其由来的同时，表达史家在总结历史规律之后发出的警世恒言呢？

三、司马迁的盛世之忧

二〇一〇年春，我应法国国家科研中心林力娜教授之邀，在巴黎第七大学做访问学者时，曾参观了奥赛美术馆，在一幅巨大的群裸油画面前我站了许久……

（一）"世人皆醉我独醒"的盛世感伤

几十个近乎全裸的俊男靓女醉卧于豪华的殿堂，散乱的酒器、一丝不挂的男女美体给以人视觉上的极大冲击，展现了一幅集体纵欲之后的场面；不止于此，画面的右下角还绘有两位衣冠整齐的年轻人，显然他们是这场肉宴的旁观者，从穿着、用色上看，

这二位与画面的主人公并不协调！直觉告诉我这一定是作者的某种刻意追求，解说词验证了我的直觉：作品描述的是法国七月革命胜利后人们沉浸于纵情欢乐之中的场景，两位年轻人在冷眼旁观。

我恍然大悟：作品表现了作者的盛世之忧！这不正是两千年前的司马迁写《史记》时的心情吗？那种"世人皆醉我独醒"的复杂心情，总是这样不拘国境、穿越历史地无处不在！

（二）如何解读司马迁著史的心境

司马迁到底是以怎样一种心情写《史记》的呢？先来看看他所生活的时代：

汉武帝时期是继汉初"文景之治"之后迎来的国家经济的繁荣期，当时的人们终日追逐"利""禄"而且乐此不疲。这是一个只要努力人人都可以大有作为的、积极向上的时代，可谓中国史上空前的大好时光。

然而，在今天看来当时所谓"生逢其时"的人们真的很幸福吗？《史记》中专门设置有《货殖列传》和《平准书》，二者相互参阅可以得到答案。

前者通过春秋以来著名商人如早期的范蠡、子贡，晚期的孔氏、任氏的类传，描述了汉代经济繁

荣的历史形成。开篇就引用了老子"至治之极"的话，说虽然老子认为盛世就应当鸡犬之声相闻老死不相往来，但考察历史的话事实恰恰相反：中国地大物博，风土物产差异之大带来商业物流的发达，百姓因此得便、商人由此获利，各得其所无可厚非。但是在"天下熙熙，皆为利来；天下攘攘，皆为利往"的盛世繁荣景象之下，腰缠万贯的商人们幸福吗？司马迁是史家不是评论家，但他又不是单纯记录史实的书记员，所以他的议论虽偶尔会在"太史公曰"中言及，但几乎都是寓于纪实之中的。

比如他为当时的商人起名为"素封"，说他们是富比封侯而没有受人尊重身份的老百姓。他们所从事的商业是"贱行""恶业"。在《平准书》中又记载曰："天下已平，高祖乃令贾人不得衣丝乘车，重租税以困辱之。"

司马迁虽然没有进行评论，但他已经清楚地告诉我们：这是一个唯"利"是图的拜金主义"天下"，牟利的佼佼者是那些著名的商人，他们绝不缺钱，可惜没有受人尊重的社会地位，所以他们并不幸福！

值得注意的是，司马迁在这里并非指责商人，而是在探寻造成如此盛世之弊的深层原因，写出了

那个时代人民之间相互争利，官亦与人民争利的情况，意在指出此乃自古以来财政之中最下等之政策。即《货殖列传》所云，富有三个阶段："本富为上，末富次之，奸富最下。"暗示当时人人争利的"盛世"，为自古以来财政之最下等政策所致！

他尤其反对官与民争利，读《史记》者恐怕无人不会自然地联系自身所处的时代及其弊端，这是盛世之中唯有史家最清醒的明显一例。

（三）"武帝"之谥号未必是赞美

汉武帝死后谥号为"孝武皇帝"。《谥法》："威强睿德曰武。"就是说，威严、坚强、明智、仁德叫作"武"。总之，是赞扬他在位统治的武功文治。汉武帝的武功是使汉朝得以昌盛的重要条件，他派卫青、霍去病、李广利、张骞取得了对匈奴的历史性胜利，基本解决了汉初以来中原所受来自北方游牧民族的威胁，而且拓广了东方通往西方的文化交流之路——丝绸之路。他还用兵南越、西南夷、朝鲜，扩大了帝国版图。

虽说我们无法用近代以来的领土概念去衡量古人，但我们必须认识到，即便在古代，武力扩张版图也是对外国、外族的非正义战争。那么，司马迁

是如何从史家的立场看待"武功"的呢？

《史记》中涉及武帝用兵匈奴的记载，至少有《韩长孺列传》《李将军列传》《匈奴列传》《卫将军骠骑列传》《平准书》等，虽然司马迁没有任何直接的评论，但我们还是能看出在他的记述中流露出对汉匈战争的反感。例如，《匈奴列传》："初，汉两将军大出围单于，所杀虏八九万，而汉士卒物故亦数万，汉马死者十余万。匈奴虽病，远去，而汉亦马少，无以复往。"记述了汉征匈奴的沉重代价和两败俱伤的结果。

事实上，即便汉武帝本人也在晚年下《轮台罪己诏》曰："乃者贰师败，军士死略离散，悲痛常在朕心。"（《汉书·西域传》）表达了对自己穷兵黩武的忏悔。《史记·朝鲜列传》记载武帝派军队攻打朝鲜的情况，司马迁通过对汉军内部种种混乱的记述，表明了对这次战争的批判态度。

（四）出自"大一统"思想的反侵略意识

司马迁反对征服周边民族的观点又出自其儒家"大一统"的思想。孔子以来，特别是业师董仲舒对"大一统"思想的提倡，可以说是司马迁著述《史记》的基本理念。如董仲舒曰："《春秋》大一统者，

天地之常经，古今之通谊也。"（《汉书·董仲舒传》）《史记》之"究天人之际，通古今之变"（《汉书·司马迁传》）的追求亦出于此，目的在于从历史发展的规律上弄清秦朝特别是汉朝"大一统"天下形成的原因，并由此指明"大一统"世界今后的方向。

董仲舒、司马迁的时代，还没有王莽以后那种鄙视周边民族的"华夷之辨"思想，在儒家"大一统"精神之下，《史记》中体现了各族同源同种的民族观念。司马迁叙史以黄帝为人文始祖，即便匈奴亦不例外。所以他在《匈奴列传》的开头曰："匈奴，其先祖夏后氏之苗裔也，曰淳维。"明确将其列入华夏族之中。在《东越列传》《南越列传》《朝鲜列传》《西南夷列传》中也都贯穿了各族同源的意识。

在这种历史观、民族观的指导下，司马迁首创"正史"为少数民族立传的史体，而且他将少数民族史传与历代名臣列传交错并列，体现了各族一家、四海之内皆兄弟的观念。由此，他很自然地记述了尉佗入南越、卫满之朝鲜、庄蹻移居西南夷的历史。因此，他对汉武帝一改汉初无为而治国策，转而频繁对周边各族用兵的历史虽有记载，却无赞扬！

为了个人利益可以杀人越货，追求所谓"国家利益"则不惜屠城灭国。在"现代化"就是"战争

化"的今日，以所谓"正义之师"出兵他国的行为已经随着全球化的浪潮而普遍化，其死伤人数足以令古人瞠目。生活于二十一世纪的我们，在读司马迁当年对历史经验的总结时，只有汗颜、自愧了。

（五）对奖掖学者为官之策的愤慨

汉朝于"文治"方面最突出的贡献莫过于"推明孔氏，抑黜百家。立学校之官，州郡举茂材孝廉"，而且这一切又"皆自仲舒发之"而被武帝采纳推行。(《汉书·董仲舒传》)尽管如此，司马迁并没有对此大唱赞歌，而是处处表现出自己的担忧。《史记·儒林列传》是司马迁为当时"文治"所推崇的儒学、儒士设置的专传，其中对公孙弘奖掖学者为官之策的实施表现出极大的愤慨。

在司马迁看来，这意味着从此学者将学问作为获取利禄的工具，实际上使学问丧失了尊严。他通过对学问、学者的历史进行考察之后指出，以往学者被起用时或为天子、诸侯之师，或为士大夫之友，起到了以学问进行告诫、教诲的作用；若不见起用就隐居不出，纵令出世亦保持不轻视己道的觉悟。然而，自公孙弘为学者开辟利禄之路，学者就失去了以传道维持教化的作用，而仅剩下记忆古事以备

为政君主咨询的作用了。

两千年之后的学问有了极大的变化，学者也早已把学问做出了书斋、课堂，做上了影视、网络，"传媒"不仅将学问更广泛地传播至大众，也将学问极大地商业化了。在学问成为逐利资本的时代，虽然我们不知道当今的种种变化是否可以置于司马迁"通古今之变"的范畴，但至少这些变异与他所提倡的学问之道相左是显而易见的。

总之，古人已经看到司马迁记事"不虚美，不隐恶"（《汉书·司马迁传》）的特点，产生这一特点的原因何在呢？我看就在于他那种杰出史家所独具的盛世之忧！

四、《史记》中的庶民情结

《史记》虽然被后代人列为"正史"之首，但作者司马迁的那种庶民立场和百姓情结却是其他任何一部"正史"都不具备的。

（一）司马迁所创立之实地考察方法

几年前我写过一篇题为《简牍学研究的"三重

证据法"》的论文，其中强调司马迁所创建之实地考察的方法在今天仍然适用的问题。我的看法是，司马迁写《史记》的一个重要方法就是不限于"百年之间，天下遗文古事靡不毕集太史公"的便利条件，亲自跑遍了汉朝的大江南北，搞实地调查。他的实地调查大致可分为前后两阶段：

第一阶段，在他入仕之前，为了继承父亲的史官官职，他十岁开始学习古文，二十岁时漫游全国。在此之前，按照《张家山汉简·史律》对"史"的资格要求来看，司马迁作为史官之子，应该是在十七岁成为学童，学三年文字之后已经通过考试取得了"史"的资格。而具有这一资格之后的这次旅行，应该说是一次全国范围的历史学考察。

他从长安出发后，到了今天湖北荆州一带的南郡，由长江溯湘水踏访了九疑山（即九嶷山）的舜庙。再由长江至会稽山探访禹王陵。之后他访问齐故都临淄和鲁故都曲阜，观孔子遗风。最后，经梁、楚之地返回长安。司马迁的这次史迹踏访无疑为他日后写出不朽名著《史记》奠定了坚实的创作基础。

第二阶段，在他入仕之后，他先做郎官，后来出任太史令，出于职务需要经常跟随汉武帝出巡各

地，正如他自己所说："余从巡祭天地诸神名山川而封禅焉。"（《史记·封禅书》）此时的司马迁更是有机会一边进行实地考察，一边撰著《史记》。

总之，当我们感叹司马迁具有超人之史学天才的同时，恐怕没有人会否定重视实地考察对他创作《史记》的重要影响。

（二）司马迁写《史记》不仅用手还用脚

实地取材是司马迁撰著《史记》的重要特色。司马迁取舍史料的原则在《太史公自序》中有所说明："厥协六经异传，整齐百家杂语"，亦即综合各种儒家经传，补充以诸子所言之意。可见，采用史料的第一原则是取材"六经"，他曾说过："夫学者载籍极博，犹考信于六艺。"（《史记·伯夷列传》）在他看来，不载于六艺即六经的内容多不可信。但这不是唯一的原则，他的第二原则是如果六经有阙文而诸子书中有记载的，可以酌情拾遗补阙。

比如关于黄帝的记述虽不见于六经，却见于诸子。司马迁采纳了后者，为什么呢？在《五帝本纪》中他对此做了解释："学者多称五帝，尚矣。然《尚书》独载尧以来；而百家言黄帝，其文不雅驯，荐绅先生难言之。孔子所传《宰予问五帝德》及《帝

系姓》，儒者或不传。余尝西至空桐，北过涿鹿，东渐于海，南浮江淮矣，至长老皆各往往称黄帝、尧、舜之处，风教固殊焉，总之不离古文者近是。予观《春秋》《国语》，其发明《五帝德》《帝系姓》章矣，顾弟弗深考，其所表见皆不虚。《书》缺有间矣，其轶乃时时见于他说。非好学深思，心知其意，固难为浅见寡闻道也。余并论次，择其言尤雅者，故著为本纪书首。"

他说诸子书中记载了黄帝，儒家经典中却没有记载，到底应该相信谁呢？他走出书斋去请教民间"长老"，结果长老们都说在尧、舜之前还有黄帝，黄帝、尧、舜各自的"风教"本不同。"长老"即老年人。《管子·五辅》："养长老，慈幼孤。"《汉书·外戚传》："近世之事，语尚在于长老之耳。"不仅限于近世，身为儒家的司马迁对于那些儒者不传的"远古"信息，作为史家他宁可相信乡野"长老"之言"近是"。因为他有一个独特的编纂方法，即亲临历史人物、事件的所在地进行调查。

从这一意义上讲，《史记》不仅是他关在朝廷图书馆里用手写出来的，更是他走进民间社会、历史事件发生地用脚写出来的！这一方法应该说同时反映了他重视民间史料重要性的庶民立场。

（三）司马迁重视民间史料价值的时代原因

为什么司马迁能够如此重视民间史料的价值呢？其实，这与他所处时代的社会性质是分不开的。

大体上说，从前五世纪末至前二二一年秦统一中国的战国时期，是中国古代社会的大变革时期。其中最主要的是，社会性质已经从周代那种血缘关系之宗法分封制，转变为地域关系之皇帝制的郡县官僚制。此后的秦汉时期在皇帝专制主义建立的同时，平民在冲破宗法血缘制之后，社会地位不断提升。"能力主义"的高扬在打破了以往氏族宗法制血统论的同时，也动摇了祖先神的信仰。这一时期人与人之间的关系出现了极大变化：

皇帝在当时是一种崭新的人物，也是具有决定性意义的社会成分，他既不同于先秦宗法关系的周天子，也不同于魏晋南北朝贵族关系的各朝皇帝。秦汉皇帝的特点是专制性和平民性。

秦始皇是以武力争霸粉碎宗法氏族制，从而建立专制政权的，刘邦则是中国历史上由平民摇身变为皇帝的第一人，二人的特点都在于摆脱了来自贵族阶层的控制。正是由于皇帝的以上新特点，秦汉的皇亲贵族在政治地位上不再具有支配皇权的威力，他们既无法与先秦的公卿大夫相比，也比不上魏晋

南北朝操纵九品中正制的皇家宗室。所以一旦他们野心勃发，就会遭到皇权的严厉镇压和平民的反对。

秦汉的官僚主要是依靠当时所创之文官制度由平民中选拔出来的，由于文官制取代了以往的贵族议事制，此时的官僚士大夫与先秦的公卿士大夫有着很大区别，他们在形式上虽保留着以往"文吏"的职能，但在参政权利上、在代表平民利益的程度上已向前迈进了一大步。

秦汉的平民阶层在打碎了压在头上的宗法制以后，由于冲破了血缘关系的束缚，获得空前的自由，他们不仅在"王侯将相宁有种乎"的口号中，推翻了历史上第一个皇帝政权，而且由自己的阶层中推出了第一代"布衣"天子和"布衣"将相。这一时代的平民，人人有爬上宰相甚至皇帝位置的可能，随时有评议朝政的自由。

（四）司马迁对"布衣"的情有独钟

时代的巨变必然反映于历史记述之中，《史记》中就处处体现着"布衣"（穿麻布衣服的庶民）地位的提升，刘邦从"布衣"成为皇帝，以韩信、萧何为首者成为"布衣将相"。

不仅如此，司马迁还特别强调历史上名人的

"布衣"地位，如《史记·孔子世家》曰："孔子布衣，传十余世，学者宗之。""世家"本是《史记》中用以记载诸王世家的体例，可是司马迁却把生前从未封王的"布衣"孔子列入其中，从诞生至逝世，记述了其七十二年的人生历程。在司马迁看来，孔子虽然并非诸侯而仅仅是个士大夫，但他从孔子为天下制法、传六艺于后世的意义上，写了《孔子世家》。

最有意思的是《陈涉世家》。陈涉没有后代，本无所谓世家，但由于秦乱之时陈涉首开反秦契机，诸侯起兵才得以灭秦，所以司马迁将其列入"世家"。《太史公自序》曰："天下之端，自涉发难。"司马迁还在《陈涉世家》中记载了特别能代表当时庶民精神的一句名言："王侯将相宁有种乎！"司马迁将其与前代做了对比，认为"桀、纣失其道而汤、武作，周失其道而《春秋》作。秦失其政，而陈涉发迹"。因此记载曰：陈涉虽然起事仅仅六个月而亡，但汉不绝其祀，续其血食。

将孔子列入"世家"和把陈涉立为"世家"，对司马迁来说具有同等的意义：只要对人民有功德，对创造历史有贡献，即便是陈涉这样无后世存续者，也与有后继之人者同样对待。

司马迁在登箕山踏查许由冢时，曾发出感慨：

那些没有天子或诸侯家世相续，仅凭匹夫之身为世人立有功德的人物，无论他们多么伟大，若无人为其立传的话，其事迹也无法流传于后世。即便是许由、卞随、务光这些公认的古代名人，由于孔子未提到他们，所以他们的事迹都湮没了；而像伯夷、叔齐，则由于孔子曾经予以赞扬，以至其事迹至今仍在流传。(《史记·伯夷列传》)

可见，能够被司马迁列入"列传"的人物，都是他认为有必要将其事迹流传于后世的重要人物。而在这些重要人物之中也不乏布衣庶民的身影。例如，他写《货殖列传》的动机在于："布衣匹夫之人，不害于政，不妨百姓，取与以时而息财富，智者有采焉。作《货殖列传》。"

总之，司马迁的庶民情结表现为他重视民间传说史料的真实性，重笔记述人民创造历史的功德，而这一切又与他所处的古代社会晚期人民地位上升的时代性质互为因果关系。

五、严谨独创的篇章结构

《史记》本名《太史公书》(《史记·太史公自

序》），后来又称《太史公记》（《汉书·杨敞传》），就是历史记载的意思。至东汉末，《太史公记》逐渐简称为《史记》。《史记》"究天人之际，通古今之变，成一家之言"主旨的贯彻，不仅来自司马迁对史料的博采、精选，还在于他独创了本纪、表、书、世家、列传之所谓"五体"结构。所以，读《史记》最好先大致了解一下这部一百三十篇、五十二万六千五百字著作的篇章结构。

（一）"本纪"是《史记》之"本"

本纪是全书之"本"，是《史记》的主干，其他如表、书、世家、列传都是"末"，本末不可颠倒，本末相辅相成。所以读《史记》不可不重视本纪的重要性。要认识到本纪所记人物是中国古代历史发展脉络的代表者。

例如作者在全书第一篇《五帝本纪》即开宗明义地点明我们中国历史起于黄帝，而且黄帝之后有着唐尧、虞舜的系统。接下来作者写了《夏本纪》《殷本纪》《周本纪》《秦本纪》等，清楚地概括了中国历史的主干。然而，司马迁概括的对不对呢？

其实，对于司马迁的主张从来就有人表示怀疑，仅以百年来学术史为例：在一百年前殷墟发现之前，

有人怀疑《殷本纪》的内容属于虚构；二里头等夏朝遗址碳十四鉴定结果公布之前，学界怀疑《夏本纪》真实性的观点很多；陶寺遗址考古成果公布之前，谈论尧、舜存在被认为没有科学依据。今日如果说有不少历史学家不相信《五帝本纪》之记载的话也不足为怪。权且抛开学术界对上古史实与传说的讨论，笔者只是觉得如今科学考古能够一次次地证明《史记》内容的正确性这一点，真是不能不令人对《史记》记载的真实性啧舌赞叹！

（二）"表"是司马迁创立的年代学体例

《史记》载"十二本纪"之后，设置"十表"。"十表"是司马迁创立的年代学体例，它意味着中国史学已经从《春秋》等著作那种自发地逐年记载，进入自觉的年代学记述，标志着中国史学的成熟，意义十分重大。

一般读者往往不太重视《史记》的"十表"，所谓"表"是表明的意思，对于历史上不醒目的事情司马迁选择了"表"的形式予以记述。"十表"中除《三代世表》为世表，《秦楚之际月表》为月表之外，都是年表。表的最大特点是能够将大事小情都用简短的篇幅表达得提纲挈领、经纬清晰。比如：

《秦楚之际月表》《汉兴以来诸侯王年表》，以年月为经，以国为纬。

《高祖功臣侯者年表》《惠景间侯者年表》《建元以来侯者年表》，是以国为经，以年为纬。

《汉兴以来将相名臣年表》是以年为经，以职官为纬，不仅一目了然，而且便于检索。

宋代郑樵曾说"《史记》一书，功在十表"（《通志·总序》）。读者在阅读本纪那种宏观把握历史脉络内容的同时，就有兴趣的地方查一查表，读一读表序，是很有好处的。

（三）作为自然科学及艺术史的"书"

"八书"包括《礼书》《乐书》《律书》《历书》《天官书》《封禅书》《河渠书》《平准书》，按今日学科划分的话，这些都是有别于本纪、表、世家、列传等人文社会学科的，即类似于科技史、艺术史类的内容。而且其中除了《平准书》外都是讲述古今制度变迁的，《平准书》则记载了汉代一种新的制度。

按照司马迁"究天人之际"的宗旨，"八书"中所述的与礼乐律历天文地理相关的是自然的文化史，而纪传表世家表述的是人文的文化史，史家的责任就在于追究二者之间的关系，《史记》的编纂体例就

是如此与作者史学思想之表达相辅相成的。

（四）"世家"所见辅佐王者的股肱之臣

"三十世家"，记载了那些辅佐王者的股肱之臣，司马迁认为他们就像三十辐条之共聚一车毂的关系，故"作三十世家"。其中除了上文提到的《孔子世家》《陈涉世家》的特例之外，主要记载了那些以爵位、俸禄世代相传的贵族之家。

例如春秋、战国以来的诸侯世家，再如汉代所封刘姓宗室、外戚世家，以及汉朝所封开国功臣的世家。司马迁认为，"大一统"天下的开创、延续，都是历代天子、皇帝在周围"社稷之臣"的辅助之下得以实现的，这些历史人物的功德是应该载入史册作为后世楷模的。

（五）"列传"记载了对人民有贡献的历史人物

在司马迁的笔下，中国通史宛如一棵参天古树，不仅有明君、功臣之主干与繁枝，也有各类为人民做出贡献的历史人物，他们成为证明古树生命力的葱葱茂叶。"七十列传"，就是为那些"扶义俶傥，不令己失时，立功名于天下"者而作的。也就是说，只要是扶持正义，不错过时代需求，有功名于天下

者都应该载入史册。按照这一标准，他为游侠、刺客、医生、卜者、商人立传，而不收那些虽然官居要职却碌碌无为者。

重视某类人物的群体性是列传体的一大特色，就是将那些虽处不同年代但具有类似特点的人物列为一传；具体而言，不仅有《孟尝君列传》《魏公子列传》那样的专传，还有《老子韩非列传》《魏其武安侯列传》那样的合传。

另外还有以叙述某些人物为主，同时附带记载另一些人物的主附传。例如《孟子荀卿列传》虽以孟子、荀子为主，但同时又列入了驺子、墨子、公孙龙、李悝等。

类传最大的特色，在于将品行相类的人物排列成传，如《循吏列传》《酷吏列传》《游侠列传》《匈奴列传》《西南夷列传》等。

总之应当看到，春秋、战国以后，随着世卿世禄制的崩溃，中国社会进入了彰显个人能力的时代，列传将从刺客到哲人的各类英杰会聚一堂，不能不说是《史记》所创造的最为精彩的体例，后世将《史记》的本纪、表、书、世家、列传"五体"简称为"纪传体"，显然是看到列传具有不亚于本纪的独特价值！

六、阅读《史记》时应该注意些什么

这里，我还想揭醒读者在读《史记》时注意以下三点：

（一）"发愤"并非"怨诽讥谤"

由于司马迁在《报任安书》中痛诉自身遭宫刑受辱的惨烈心情时，说过"贤圣发愤之所为作"的话，所以历代评论者中有人认为《史记》颇有"怨诽讥谤"。

然而清代学者章学诚对此早有过批驳，他认为，在《报任安书》中，司马迁曰"亦欲以究天人之际，通古今之变，成一家之言"，这才是"其本旨也；所云发愤著书，不过叙述穷愁，而假以为辞耳"。明确指出：后人泥于"发愤"之说，遂谓《史记》乃为"怨诽所激发"，是对司马迁的极大误解。（《文史通义·史德》）无论如何，将司马迁出于忧患意识而发出的"怨诽讥谤"，单纯地归结为他受刑忍辱的"发愤之所为作"，不能不说是持论偏颇。

（二）朴实的《史记》语言风格

《史记》的确有语言朴拙的风格，比如文风不统一，甚至有无法读通的文句，但那是出于司马迁不

以文害义的原则，以及剪裁史料时留下的痕迹。他大量引用古籍和传闻史料，重在内容的记载和对原始史料的保留。

比如，《夏本纪》对于《尚书·禹贡》篇除个别文字外几乎是全文引用。《刺客列传》中司马迁引用了《尚书》《左传》《战国策》的各种史料。《战国策》的原文本来是较疏漏的，司马迁引用时也仅取其内容，而未对文字做过多的加工润色。所以，《史记》的文字水平使人感到参差不齐，甚至有裁剪生硬的痕迹，是不足为怪的。

（三）篇章结构中的深刻寓意

不要忽略《史记》篇章结构的作用，司马迁是史学家不是评论家，很多对历史事实的评价，他并不是直接发议论，而是寓意于叙述结构的安排之中。

例如在《儒林列传》的结尾，司马迁没有像其他列传那样写出论赞，而是搁笔于对以学问获取高官的实例记载。这样的结尾有其特定的寓意，似乎是在告诉读者他对当时的"文治"政策无可论赞。

总之，今人读《史记》，只要能够理解作者的心境、感情以及全书结构，一定会觉得这是一部思想深邃，而又贴近百姓生活，语感极其丰富多彩

的好书!

七、《史记》之现代价值

唐太宗曾说"以古为鉴可知兴替"(《新唐书·魏徵传》),这是讲历史是一面镜子,其中有着朝代的兴衰变迁,能够告诉我们如何选择正确的道路,所以现代人应该以史为鉴反思过去。学习历史的终极目的还是为了在反思中认识今日,以获得能够清醒判断是非的智慧。从这一角度出发,《史记》至少有以下三种精神至今仍有其不容忽视的现代价值。

(一)"不虚美,不隐恶"的直笔反思精神

班固评价《史记》"不虚美,不隐恶,故谓之实录"(《汉书·司马迁传》)。一句话,司马迁坚持直笔实录的方法是"不虚美,不隐恶"。那么他"不虚美,不隐恶"的目的是什么呢?其实就是他自己说的"亦欲以究天人之际",即于"实事"之中"求是"(《汉书·景十三王传》)。

对于汉武帝是否因《史记》"极言"景、武之"过"(卫宏《汉书旧仪注》)而有所删削的千古疑

案，笔者在此暂不做评论。不过，司马迁在《史记》中颇有出于忧患意识"怨诽讥谤"则属不争之事实。历史事实中有真善美与假恶丑，在对其进行价值判断、深刻反思之前，能否直笔实录最为重要。面对司马迁留给我们之"不虚美，不隐恶"的直笔反思精神，二十一世纪的历史学者都应该扪心自问："我们具备吗？"

（二）"藏之名山"之淡泊功名利禄的学术精神

司马迁的直笔反思精神，是与他淡泊功名利禄的学术精神互为表里的。他在《太史公自序》中说《太史公书》撰写完毕之后"藏之名山，副在京师，俟后世圣人君子"。他这是效法孔子"制《春秋》之义以俟后圣，以君子之为，亦有乐乎此也"（《公羊传》）。无论对"名山"做何解释，司马迁修史不为迎合当世，不为利禄，而仅为了"成一家之言"之"乐"的信念毋庸置疑。

学术自古有御用学问与纯粹学问之分。司马迁的老师董仲舒提倡经学取仕，这是经世致用之学；司马迁则对以学问为敲门砖开拓仕途、名利的做法极为反对，因而毕生致力于纯粹之学。中国学术史上虽说两种学问并行不悖，但司马迁提倡的纯学问，

毕竟与争名夺利的现代价值观大相径庭，然而，我们要清醒地认识到：不以纯粹学问为基础的经世致用之学，必将败坏学术道德，甚至害民误国，终为子孙后代所不齿。

（三）"究天人之际，通古今之变"的史学精神

曾几何时，欧洲历史主义学派因为不承认中国史学为"历史科学"，而妄下断言说"中国有悠久的历史，但无真正的历史"。然而，这一学派在二十世纪初，却由于过于强调所有事物的"历史化"而走向了衰亡。相反，曾被误解为并非"历史科学"的中国史学却一如既往地生机勃勃。这是为什么呢？我个人认为其根本原因还在于自司马迁提出之后，至今仍存在的那种"究天人之际，通古今之变"的史学精神。

其实所谓"历史科学"，无非阐明历史古今变迁原因、结果之原理的学问。司马迁始创之"究天人之际，通古今之变"的治史思想早已成为中国的史学哲学，这是中国史学绵延不衰的生命源泉，也是中国人对全人类的重要贡献。其贡献在于：人类由此可以在不断探求人与自然、昨天与今天的关系中，把握自身奔赴将来的方向，从而获得创造未来世界的勇气。这一史学精神正是《史记》最大的现代价值。

《汉书》导读

唯一一部出自家学的断代史「正史」

马彪

历史学博士、
日本山口大学东洋史研究室教授

历代学者喜将《史记》与《汉书》进行"马班异同"的比较，而且多持褒马贬班的态度。其实，《史》《汉》之间有可比之处，也有不可比之处；至少从前者为中国第一部通史、后者是中国第一部断代史的角度来讲，二者并列第一，各有所长，很难论定孰优孰劣！

所谓断代史，是以朝代为断限的史书，即记述一个朝代历史的史书。东汉著名的史学家班固等人编纂的这部《汉书》（又称《前汉书》）就是中国第一部断代史，而且是二十四史中唯一一部出自家学的断代史著作，其价值不容低估。

一、续写《史记》风潮中成书的断代史《汉书》

自古以来中国人喜欢记述历史，这一习惯形成的原因可能有很多，但是无论如何与司马迁创立《史记》（严格地说魏晋以前叫《太史公书》）的成功是分不开的。至少，司马迁的《史记》一经问世就制造了大批的"粉丝"。又因为《史记》只写到汉武帝太初年间，而且很快出现缺失，所以在西汉那些爱好《史记》的"粉丝"中，有一位元帝、成帝之

间的博士褚少孙已经开始续写《史记》了。从此以后续写《史记》者不断，如成帝时的扬雄及刘歆、阳城衡、史考山等。

后来班彪也起了续写《史记》的念头，他认为当时虽然有着各种对《史记》的续写，但多为鄙俗之作，缺乏继承太史公的文才，所以他要亲自续写《史记》。然而，到了他儿子班固的时候，起初那种续写《史记》后篇的想法发生了变化，最终写出了《汉书》。也就是说班彪那时候确实是希望写《史记》的续篇，但是班固则上自汉高祖下至前汉结束以及随后的王莽时期，将这二百三十余年的史事撰述为《汉书》。《汉书》虽说大体沿袭《史记》的体例，但是最大的不同在于：与《史记》的通史体例相反，《汉书》是断代史。

二、《汉书》是学问世袭制时代的家学撰述

《汉书》本是班彪、班固作为家学开始编纂的，这一点与《史记》作为司马谈、司马迁的家学创作而成书是同样的，这是古代学问世袭制时代的必然产物。虽说中途加入朝廷的干预，还有马续等人的

帮助，但从撰述旨趣到主要执笔人来说，《汉书》无疑仍是一部家学的撰述。当然，《汉书》所记汉武帝以前的部分来自《史记》，但那也是史家司马氏的家学作品。二十四史中唯有《史》《汉》出自家学，正是周代至两汉的中国古代学问大多出自家学的具体写照。

无论如何，班固是《汉书》的主要作者，所以就像通常以司马迁为《史记》作者一样，人们提到《汉书》的作者时仅称班固。班固（三二—九二），字孟坚，扶风安陵（今陕西咸阳）人，自幼聪敏。九岁能作文章，诵读诗赋，博通群籍。他二十三岁决心继承父业，在班彪生前所撰《史记后传》六十五篇的基础之上编纂了《汉书》。然而，公元六二年因有人诬告他"私作国史"而被捕入狱，书稿被查抄。后来他的弟弟班超上书汉明帝，为之申辩。明帝因此阅读了书稿，十分欣赏班固的才能，任命他为宫廷图书馆的兰台令史，负责校勘宫廷图书馆藏书，还让他继续撰写《汉书》。前后经过三十年左右，正当班固就要完成《汉书》之际，他又因为将军窦宪事件受到牵连，再度被捕并且死于狱中。

班固去世后，尚未完成的"八表"和《天文志》，由其妹班昭（曹大家）续成。班昭也因此成为

二十四史作者中唯一的女性。

三、《汉书》在体例上对《史记》的模仿与创新

通行本《汉书》是唐代颜师古的注本,共一百卷,但因为有些卷又分为几卷,所以总计一百二十卷,即本纪十三卷、表十卷、志十八卷、传七十九卷。

《汉书》的体例是模仿《史记》而又有所发展的。《史记》有本纪、表、书、世家、列传,《汉书》则有帝纪、表、志、传。如果说《汉书》把《史记》的"书"改称为"志",还只是名称更换的话,那么班固未像司马迁那样设立"世家",而是将所有功勋世家一律列入人物"传"之中,则不能不说反映出东汉人的世卿世禄观念,较西汉人已经大为淡薄了。

《汉书》的创新很多,比如新设的《刑法志》不仅记述了汉代刑法,还概括了汉以前的刑法源流。他的这一笔法虽然遭到过后代史学评论家的非议,但是从今天的史学概念来看,这种追根溯源的叙事方法不妨说更具合理性。《汉书》将《史记》的《货殖列传》和《平准书》合二为一,创立了《食货

志》，将人口数量、耕地面积、粮食产量等重要的国家经济数据按照"食"与"货"即今日我们说的农业与工商业分类的做法，为后来历代史家所认同并予以继承。班固还根据西汉末年刘向、刘歆父子的《七略》图书分类法，创立《艺文志》，并由此开辟了后代史书设立《艺文志》或《经籍志》的先声。此志的创造，无疑是中国所以能够一直保持世界图书之最地位的重要原因之一。另外，《地理志》的创立也是后代史书纷纷效法，并设立《地理志》《郡县志》《州郡志》《地形志》的样板。

就传而言，《汉书》新设了《史记》所没有的"宗室传""皇后传""外戚传"；在表中增设了"古今人表"。《王莽传》的篇幅很长，是史书中记载新朝的唯一史料，其价值不可低估。特别值得一提的是，《汉书》中增补了许多民族史和中亚、南亚史的内容。这反映出汉武帝之后中国人越来越具有国际化的眼光了。

《汉书》多载西汉皇帝诏文，为后世留下宝贵的第一手史料，极有助于学者的研究。比如汉武帝对贤良"下诏策问"的内容，如果没有《汉书·董仲舒传》的记载，我们将很难如此详细地了解汉武帝下诏求贤的具体情节和心情。

四、《汉书》研究成果及其代表性观点

由于《汉书》与《史记》的继承关系，历代学者对《汉书》的研究仅次于《史记》。比如唐代刘知幾评论所谓纪传体时，就指出虽然这一体例始于《史记》，并成为后代正史的楷模，但是断代史却开始于班固，后代的史书大体都继承了班固的体例。与刘知幾的称赞相反，南宋郑樵认为史书本应以通史为正常体例，他批评班固著断代史是不明《史记》本意，没有明白历史自有其古今沿革相因的意义。(《通志·总序》)

郑樵还对《汉书》的表予以了强烈的抨击，他认为表本来是做成"旁行邪上"形式，在其中按照时代、年代、国家、事件填入事实，以便一目了然的方法。但是班固不通"旁行邪上"，像《古今人表》那样将人物划分等级的表格没有任何意义。刘知幾也认为《汉书》既然是写汉一代之事，像《古今人表》那样从上古开始记载古今名人的方式是不合体例的。

不过，清代章学诚却认为，此表从史书体例来讲的确并不得当，但是作为史料是有利用价值的。(《文史通义·史篇别录例议》)

清代方苞认为《汉书》中写的最好的是《霍光

传》，将霍光侍奉武帝二十余年概括以为人"谨慎"的结论；而对其身为昭帝丞相的经历，仅概括"为百姓充实，四夷宾服"寥寥数语，记述言简意赅。对霍光死后的宣帝时，霍氏一族蒙难而亡，却详细写出了其遇难的原因。他认为这样的记载详略适宜，相当出色。方苞还认为《王莽传》可谓班固用力最深者，其中对王莽阴谋篡位之始末的巧妙记述，可比司马迁的笔法。同时认为班固对汉代朝廷制度、仪式一般是不予详述的，而传中却对王莽设立的官制、地名一一记载则实属不必。

清代赵翼《廿二史札记》中指出：从司马迁的通史一变为班固的断代史，其间史书的撰写方法亦为之一变；又加上后代都模仿班固模式，这妨碍了史家自身特点的发挥。在《史记》与《汉书》之间不长的时期内，出现了明显的时代区分，于是司马迁的《史记》成了空前绝后的作品，而班固的《汉书》也为后代著史提供了典范。

五、推荐阅读的篇章以及所用版本

出于文字篇幅的限制，本文仅推荐并介绍《汉

书》中有代表性的十八篇文章，以期反映全书的梗概和旨趣。比如，《汉书》记载的武帝之前的部分主要是抄录《史记》的，为了避免重复，这里仅推荐此后的内容。所以，如果是有心了解整部西汉历史的读者，建议最好将"新视野中华经典文库"的《史记》导读与《汉书》导读一并阅读，那样您一定不会失望的。

本纪必须推荐的是《武帝纪》，这是因为作为秦汉帝国代表人物的"秦皇汉武"之一的汉武帝，他在位五十四年（前一四〇—前八七），占西汉二百余年的四分之一，而且是汉帝国领土、制度、文化、思想得以稳定的主要时期，有着承上启下意义的关键年代，是全书的主干。

在《汉书》诸表中，本文推荐《异姓诸侯王表》《诸侯王表》《王子侯表》三表的"序"。大家都知道，西汉与秦朝最大的不同，在于部分恢复了诸侯分封制，即以"郡国制"取代了秦的"郡县制"。而当时的诸侯、封国不外以名臣将相为代表的异姓诸侯王、刘氏皇族的同姓诸侯王以及王子诸侯三类。班固对于这三类"王"与"侯"的概述集中体现在三表的"序"中，读者仅用短暂的时间，就能领略到郡县制与封国制并存的时代特点。

《地理志》是本文所推荐的唯一一篇志。其中记载了汉帝国的行政区划、历史沿革、郡国户口、山川河流，读者可以从中体会到上述"郡国制"存在的空间范围，以及各地风土人情的丰富多彩。志中以星空的分野划定地理区划的传统方法，一方面准确地反映了两千年前我们祖先天文、地理知识的丰富，一方面对现代人的环境意识也不乏借鉴的意义。

纪传体中的"传"都是围绕"纪"的展开，读者从《武帝纪》中领会了汉朝盛世的历史大纲之后，肯定希望对当时为汉朝做出贡献的名臣武将有更加深入的了解。《苏武传》描述苏武身陷异国囹圄十九年，持节不屈、不辱使命的悲壮经历。《董仲舒传》详细记载了汉武帝为建设新型帝国求贤若渴、董仲舒三上对策为日后文人治政开辟新途的历史情节。通过《张骞传》，读者可以了解古人跋涉千山万水、开拓丝绸之路的艰辛壮举。《朱买臣传》通过一个实例告诉读者：当时只要努力，读书——入仕——致富的路径对任何人都是敞开的。《主父偃传》《东方朔传》《霍光传》三篇从不同的侧面，记载了武帝身边会集的各色官僚的生动场景。

汉武帝过度消耗国力之后，汉帝国进入了西汉后期。汉昭帝、宣帝时期（前八六—前四九）是一

个恢复稳定发展的阶段，即所谓的"昭宣中兴"时代。《赵广汉传》通过一名以"廉洁"出名，努力爬至高位，最终被处以腰斩之京官自我经营的一生，记述了当时一幕亦廉洁、亦肮脏的官场现形记。此文想必现代人看后也会多有感触。《张禹传》讲述了张禹这位西汉后期读书人中的佼佼者。从他身上读者定会领悟当时社会上所流传的谚语"遗子黄金满籝，不如一经"（《汉书·韦贤传》）所表达的意思。

所谓"列传"就是将几个有相同性格的人物列为一组，借以凸现一个时代的某种风格。《循吏传》《游侠传》《佞幸传》虽说都是对《史记》同类传的模仿之作，但其中补进的汉武帝中期以后的那些人物，使我们得以对西汉各类官场、民间人物有了较全面的了解。比如，从《龚遂传》中渤海郡太守号召人民卖刀剑、买牛羊，发展农业，全郡大治的事迹，读者可以明白，任何时代的官僚中虽然会有腐败分子的出现，但也不乏优秀的地方官。从《原涉传》中西汉末豪侠原涉的事迹，读者可以看到汉代活跃于地方的英雄豪侠们行侠仗义的侠士风范。从《董贤传》中汉哀帝与佞臣美少年董贤之间离奇的君臣关系，任何读者都会发出这样的哀叹：国家掌握

在如此愚君、佞臣手中，不灭亡才怪！

西汉末年，权臣王莽以不流血的"摄政"方式取代了刘氏政权，我相信任何一个不以姓氏论正统的现代人，都会对《王莽传》中的记载给出自己的看法。这不但是《汉书》中最长的传，而且采用了编年体例，所以这实际上是一篇"纪"。事实上，后世欲了解王莽新朝的历史，全凭此篇文字，可见这一篇记载的重要价值。

如上所述，《汉书》自成书之时起就有人感到阅读艰难。为此，从东汉末至唐以前为《汉书》作注的就有二三十家。唐初颜师古的注能够广揽兼收、纠谬补缺，可谓历代注释《汉书》的佼佼者。清末王先谦的《汉书补注》则更是对前人各注的集大成之作。若希望深度阅读《汉书》的话，这两部注解是极好的本子。现代学者对《汉书》的研究代表作，例如杨树达《汉书窥管》从文献学的角度多有纠谬订正之处；陈直《汉书新证》则是利用汉简、铜器、漆器、陶器、封泥、汉印、货币、石刻资料考订、印证《汉书》的力作。

这里推荐的篇章根据的是中华书局的点校本《汉书》，这个版本以王先谦《汉书补注》本为底本，参校了其他较好的版本，吸取了前人的考订成果，

是一个便于阅读的本子。

六、阅读《汉书》时应该注意些什么

　　《汉书》从来被认为是史书难读的一部，作者喜欢用古字、难字的风格为阅读者平增了很多不便。就连东汉时期的学者也"多未能通者"（《后汉书·班昭传》）。所以，历代学者在注释《汉书》的字义、读音方面，没少下功夫。作为现代读者的我们，读此书时就更是离不开注释的"拐杖"了。但是，由于其结构模仿《史记》，即对司马迁所创"纪传体"忠实地予以继承，所以在全书构架上《汉书》也有容易理解的一面。对这一点，读者只要抓住帝纪十二卷之"经"，表八卷、志十卷、传七十卷为"纬"的特点，稍稍参考注解和翻译阅读的话，其实并不很难，甚至多有引人入胜之处。正如范晔所论："（班）固文赡而事详。若固之序事，不激诡，不抑抗，赡而不秽，详而有体，使读之者亹亹而不厌，信哉其能成名也。"（《后汉书·班彪列传》）

　　还有一点值得注意的是，对于秦、西汉史而言，

班固毕竟不像司马迁是当代人记载当代史，所以有时会出现考证不严谨，甚至以后代之事窜入前代的情况。比如，西汉时期的标准容器或容量单位是"桶"和"石"而不是"斛"。"斛"作为容器或容量单位，本是王莽改制时的复古之举，在西汉时期并未作为标准"量"使用。但是《汉书》作者却将西汉标准"量"的"桶"和"石"一律写为"斛"，其影响至今仍残留不去。又如，秦宪公本秦文公之孙，而《汉书·古今人表》误为"文公子"，疏于考证。另外，《汉书·楚元王传》中载"牧者持火照求羊，失火烧其臧椁"，秦始皇陵的棺椁被牧羊童烧毁的说法虽然现在尚不能肯定一定有误，但根据目前考古学者对秦始皇陵的勘查来看，还是存疑为妥。

若以《汉书》的《叙传》与司马迁《史记》的《自序》相比，是有不合体例之处。比如，他把自己的作品《幽通赋》《答宾戏》这些与著述《汉书》毫无关系的辞赋写入了《叙传》，相反对其父班彪以来作为家学的史学主张却没有予以充分表达。因此，从今日的立场来看，《后汉书·班彪刘传》的记载比班固的《叙传》其实更能反映《汉书》的著述主旨。班固的《叙传》就这一点来说，仅仅是一种装饰，没有充分地表达自己著作的宗旨。

七、《汉书》名篇名句赏析与点评

《汉书》中有许多经典的名篇、名句特别有欣赏价值，此仅就上述推荐篇章的内容，略作摘录和点评。

《武帝纪》载："（元光元年，即前一三四年）五月，诏贤良曰：'……今朕获奉宗庙，夙兴以求，夜寐以思，若涉渊水，未知所济。猗与伟与！何行而可以章先帝之洪业休德，上参尧舜，下配三王！朕之不敏，不能远德，此子大夫之所睹闻也。贤良明于古今王事之体，受策察问，咸以书对，著之于篇，朕亲览焉。'于是董仲舒、公孙弘等出焉。"

武帝十五岁（前一四〇）即位，开始的五六年间朝政实权掌控于祖母太皇太后窦氏手中。窦氏喜好黄帝、老子之学，强制推行黄老之学。但辅佐年轻武帝的丞相窦婴，虽说是窦氏一族成员，却推崇儒学，表现出异端倾向。他与皇太后王氏的异父弟太尉田蚡等一同推举儒者，由此策划上奏不经太皇太后窦氏。此举触怒太皇太后，不但造成丞相窦婴、太尉田蚡被罢免，从武帝日后推行崇儒政策的角度来看，也可以说是他即位伊始所遭受最初的挫折。所以说太皇太后窦氏死后的翌年，武帝就迅速推出诏令贤良对策，可谓他独自掌权之后的第一举措。

《武帝纪》元朔元年诏中引用了孔子"三人并行，厥有我师"一语。历代学者对《论语·述而》"三人行必有我师"的解释有同有异。比如对"三"字，有解释为"众多"的，也有解释为数字"三"的；对于"行"字，有解释为"同行"的行走之义的，也有解释为"言行"之"行"的，前者用为动词，后者用为名词，都讲得通。汉武帝诏文中的"三人并行，厥有我师"，则是说三人并排行走，其中就有我的老师。汉代人对《论语》的解释由此可见一斑。

《地理志》记载了汉代人对"风俗"一词的解释。其实，在孔子提倡"移风易俗"之后，历代学者对所谓"风俗"的含义多有阐发，东汉应劭还专题撰写了《风俗通义》。《汉书·王吉传》称"百里不同风，千里不同俗"，这是浑言"风俗"即习俗之意。然而，析言的话究竟何谓"风"，何谓"俗"呢？《汉书》说"系水土之风气，故谓之风；好恶取舍，动静亡常，随君上之情欲，故谓之俗"。但元朝李果《风俗通义》题辞中则说："上行下效谓之风，众心安定谓之俗。"二者之间差异明显，为有心的读者留下一个小小的疑问。

自古所谓"郑卫之音"蒙受靡靡之音的恶名，

《地理志》将其归结为"桑间濮上之阻"的地理原因;《礼记·乐记》甚至说:"桑间濮上之音,亡国之音也。"不论观点正确与否,读者至少可以由此悟出些许古人的人文地理见识。古时男女多选择桑林或河畔为约会的地点,不也足以令关在都市"牢笼"里的现代人羡慕吗?

自古君王始即位不称"一年"而称"元年",这是为什么呢?董仲舒引经据典,从《春秋》讲到《周易》,道出的关键一句话,即"正本清源"才是"元"的本意。按今天的说法就是,笼统地讲"一"与"元"的确是同义词,但"一"毕竟是数字,"元"则上升为哲学,有着万物之始、世界本源的意思。后者的寓意更深厚。的确,现实生活中有说"庆祝元旦"的,未听说有"庆祝一旦"的,个中道理两千年前的董大学者早有高论。

武帝时期的郎中主父偃,经常靠揣摩武帝心意上奏告发他人,大臣们都惧怕他的伶牙俐齿,行贿他的财物累计达千金。有人规劝他说:"你太骄横了!"主父偃竟说:由于"日暮"途穷,即时间不多了,所以要"倒行逆施",即不择手段地贪污、陷害,以中饱私囊。中国官僚史上,贪官污吏层出不穷,如此直白地袒露为非作歹心境者恐怕并不多吧!

东方朔以诙谐滑稽著称，而且名垂史册。班固是有过在朝廷伴君如伴虎经历的人，从所谓"朔虽诙笑，然时观察颜色"的评论，可知他深深地理解东方朔对皇帝"直言切谏"时的小心谨慎；而他所谓"自公卿在位，朔皆敖弄，无所为屈"的概括，不正告诉我们所谓"敖弄"，不过是东方朔在官场斗争中所采取的一种自我保护方式而已！

霍光在武帝时期"出入禁闼二十余年"，在昭、宣帝时期"秉政前后二十年"。如果说前二十余年可以用"小心谨慎，未尝有过"一笔带过的话，他在后一个二十年中对汉帝国的贡献是绝对不可低估的。霍光所接受的托孤，哪里只是平常一段贤臣辅幼主的故事可以概括的：汉帝国新拓广的巨大疆土如何维持，连武帝自己也后悔不该的劳民伤财局面如何收拾，还有如何控制皇族荒淫腐败的日益蔓延，等等。无论如何，史称的"昭宣中兴"或"西汉中兴"，如果没有了霍光是不可想象的！

《赵广汉传》中评价赵广汉"为人强力，天性精于吏职"一句耐人寻味。班固并未像后世那样简单地将赵广汉誉为廉洁奉公的模范、京官难当的典型，而是将赵广汉娴熟的官场手腕归因于其超乎寻常的"天性"，而这一"天性"又是以他强悍的"为人"

做前提的。如此为读者揭示了非有非常之人难治非常之地的古代官场现形记。

自汉武帝开辟明经取士之途，公卿中儒者的比例大幅度上升。元帝开始的西汉各代皇帝更是崇儒有加。汉成帝以后的十八位丞相中竟有儒者十四人。班固在《匡张孔马传》的"赞"中称他们"以儒宗居宰相位，服儒衣冠，传先王语，其酝藉可也，然皆持禄保位，被阿谀之讥"。"居宰相位"是儒者通经入仕的光辉顶点；"持禄保位"则是儒者由官僚致富以后的新贵族立场。

游侠阶层在汉代很活跃，所以《史》《汉》均为之立传。这些人是民间的特殊社会阶层，按照原涉的话说是"知其非礼，然不能自还"。换言之，他们知道自己是"黑社会"，却又人在江湖身不由己。他们为何能受到民众的拥戴呢？"专以振施贫穷赴人之急为务"的精神绝对是一个重要原因。要看到在那些国家的法律、制度不能发挥作用的角落和时刻，身边的那位利他主义者才是最可信赖的。日后中国的宗教不就是这样逐渐形成的吗！

汉哀帝因男色董贤的美貌而宠爱之，由此班固指出："柔曼之倾意，非独女德，盖亦有男色焉。"爱美，甚至唯美，乃人之常情。然而"人"又是融道

德、知识、爱三位一体的生物。如果不以道德、知识掌控爱欲的话，就"个人"而言充其量不过伤害一人、一家而已，若是作为一个国家、一个民族的当权者亦即"法人"的话，"亲爱谄媚小人"的结果，必将是"不任贤近仁"，以致祸国殃民。不仅如此，班固还明确指出所谓倾国倾城的祸水，与性别没有必然联系！

《后汉书》导读

「前四史」中成书最晚而颇多创新的《后汉书》

历史学博士、
日本山口大学东洋史研究室教授
马彪

如果拿一本《后汉书》去问中小学生：你读过这本书吗？回答大概多是"没有"！但如果问：你知道东汉有位不屈服权贵的"强项令"董宣，还有位"暮夜却金"的廉洁大臣杨震吗？回答十有八九是：那谁不知道呀！教科书里读到过。其实，他们"读到过"的课文本即出自这里要介绍的范晔所著《后汉书》。

《后汉书》虽为私家修史却被列入正史，与《史记》《汉书》《三国志》合称"前四史"。说起来虽然所谓"前四史"都算是私修国史，班固因此还遭诉讼坐过牢狱，但毕竟司马迁是太史令，班固是兰台令史，陈寿是著作郎，他们修国史都是有朝廷资格证的。然而范晔就不同了，据《宋书·范晔传》载："左迁晔宣城太守，不得志，乃删众家《后汉书》为一家之作。"用今天的话说，范晔只是一介业余作家而已。不过话又说回来，"业余"有时也未必不是件好事！《后汉书》最终能超越"规范"，具有使人耳目一新之独创性的原因虽然可能很多，但其中作者非官方修史者身份的因素肯定是不容忽略的。

无论如何，《后汉书》是一部记载东汉历史的纪传体史书，全书共分一百二十卷，包括纪十卷、列传八十卷和志三十卷，记载了从王莽末年至汉献

帝之间约二百年的历史。其价值正如章太炎所言：
"《史》《汉》之后，首推《后汉书》。"陈寅恪也说：
"蔚宗（范晔字）之为《后汉书》，体大思精，信称
良史。"

一、《后汉书》的作者究竟是谁

经常有学生提出"《后汉书》的作者究竟是谁"
的问题，我回答：是范晔、司马彪。《后汉书》的纪、
列传是南朝刘宋范晔（三九八—四四五）所撰，八志
是晋朝司马彪（？—三〇六）所撰。两位作者相距近
百年，所以他们虽是作者但不是同时代的合作者。

实际情况是先有司马彪所撰《续汉书》八十
篇，这是一部"通综上下，旁贯庶事"（房玄龄《晋
书·司马彪传》），纪、志、传俱全的东汉史。在此
一百多年之后才有了范晔的《后汉书》，由于此书尚
未完成时作者去世，所以书中只完成了纪、传而缺
少志。又过了五六十年，梁朝刘昭见范书缺志，就
抽取晋人司马彪《续汉书》的志，"分为三十卷，以
合范史"（刘昭《后汉书注补志序》）。此说虽见于范
晔《后汉书》南宋绍兴刻本，但不见于《梁书》本

传。无论如何，刘昭的"以合范史"之举充其量是个人行为，"范书原本则仍止纪十卷、传八十卷，未尝阑入《续志》也"（王先谦《后汉书集解·述略》）。又过了近一千年，在北宋乾兴年间才由当时的"国子监孙奭建议校勘，以（刘）昭所注司马彪《续汉书》志与范书合为一篇"（永瑢等《四库全书总目》引陈振孙《书录题解》）。即司马彪《续汉书》的八志三十卷与范晔《后汉书》的纪、传九十卷合刊，成为今天我们所见到的一百二十卷《后汉书》。

必须指出，常见的那种所谓司马彪"续作八志"的说法，以及自刘昭开始范书已与司马彪志合成一书的观点都是误解。

由此引发了另一个问题，即《史记》《汉书》同样也是多位作者撰写，为何只提司马迁、班固呢？回答是，因为那是家学著作，撰述人是合作者关系，他们在共同认可的宗旨、编纂原则框架之下从事的是集体创作，所以确实存在一个"主创人"。但是，《后汉书》的两位作者并非如此。所以准确地说，此书的第一作者是范晔，第二作者是司马彪。

范晔出身于南朝刘宋时期的官宦士族，一族从高祖、曾祖、祖父至父亲，累世为州刺史、郡太守二千石高官。范氏还是当时的文学名族，祖父范宁

曾撰著《古文尚书舜典》《尚书注》《礼杂问》《文集》及《榖梁集解》（后来成为《十三经注疏·榖梁传注疏》的底本）等，父亲范泰曾任东晋朝的国子博士，也有《古今善言》及《文集》等多种著述。受到家庭影响，范晔自幼聪颖好学，年轻时便以博涉经史、善写文章闻名。范晔年轻时也曾致力于仕途，二十七岁时官场失足被左迁为宣城太守时才业余修史，目的正如他在《狱中与诸甥侄书》中所言："欲因事就卷内发论，以正一代得失"（沈约《宋书》本传）而著《后汉书》。元嘉二十二年（四四五）范晔因牵涉谋立彭城王刘义康案被杀，当时《后汉书》志稿尚未完成。

司马彪出身于西晋诸侯王族，是晋高阳王司马睦的长子，司马懿六弟司马进的孙子。他因"薄行"不得为嗣，因此折节改志，闭门读书。晋武帝时任秘书郎、秘书丞、散骑侍郎等职。司马彪鉴于汉室中兴，忠臣义士昭著，而时无良史，记述繁杂，遂"讨论众书，缀其所闻，起于世祖，终于孝献，编年二百，录世十二，通综上下，旁贯庶事，为纪、志、传凡八十篇，号曰《续汉书》"（《晋书·司马彪传》）。另有《九州春秋》《庄子注》《兵记》《文集》多种，均佚。

范晔《后汉书》出，司马彪的《续汉书》因其魅力不及范书而逐渐被淘汰，唯有八篇"志"因被补入范书而保留了下来。在此，有一个值得思考的问题，即为何距东汉未远的晋人司马彪的作品，反而不敌写成于此后近百年的范书呢？其中固然有作者个人素养因素，然而这百年之中史书飞跃发展的历史背景，也是绝对不可忽视的！

二、史书大发展时期成书之《后汉书》

与《续汉书》相比，《后汉书》为何后来居上？答案在于范晔《后汉书》探索了新的史料编纂手法，从而创立了新史学。这里所说的手法，被他本人描述为："虽事不必多，且使见文得尽。"（《宋书》本传）意思是说：史料不必引用很多，如能使人见到文章完全有所了解的话，就达到目的了。其中所谓的"事"与"文"，也就是上面所引"因事就卷内发论"的"事"与"论"，即史料与史论。

史料"不必多"，即对史料要删繁就简。他的这种做法受到唐人刘知幾的赞赏："范晔之删《后汉》也，简而且周，疏而不漏，盖云备矣。"（刘知

幾《史通·补注》）史料"不必多"还能使人"见文得尽"，可见此"文"必非同凡响，即见史识功底之"论"。其实此所谓"文""论"，即范晔本人最为得意的论赞和诸序。他对前人撰史的"著述及评论"很不满意，说"详观古今著述及评论，殆少可意者"。相反，对自己的评价是："吾杂传论，皆有精意深旨"，"赞自是吾文之杰思，殆无一字空设"。（《狱中与诸甥侄书》,《宋书》本传）可见，范晔对自己的史论很有自信。他为何如此自信，他自信什么呢？我看他自信引领了一代史学的大变革,《后汉书》能够艺压群芳、后来居上，也证明了他的自信并不过分。

范晔能够成为优秀史学家，除了本人天赋之外，与他所处时代史学的大发展是分不开的。事实上，正是从汉末至隋的约四百年间，史学逐渐成为独立的研究领域;《隋书·经籍志》首次将所有书籍分类为经、史、子、集，亦即将史学从经学中分离出来的做法，就是很好的证明。而范晔又恰好生活在这四百年的中间点，范书的形成及价值是无论如何都无法与那个时代脱节的。史学在此有着飞跃发展的一个重要特征，在于史书编纂方法发生了空前的大变化。即从以往的对史料述而不论，转变为述以致

论，这是一种创新的史学现象，而范晔则堪称此新史学的首创者。

在"前四史"中，《后汉书》与其他三史最大的不同，就在于选材用料精良，议论评点深刻。前者出自他独树一帜的修史主张，后者得益于他不受朝廷控制的写作身份。

众所周知，《史记》曾遭后代学究抱怨语句有不通顺之处，清儒方苞在《史记评语》中就批评《刺客列传》的史料有重复之处。的确，《史记》中是有采用、剪裁史料不慎的痕迹，这是因为司马迁引用史料时更重视取其内容，而基本不对文字做加工润色。比如他引用《尚书》时大体是照录原文，又如他不加删节地照载秦刻石文等皆属此类。司马迁不仅对史料不刻意加工，而且从不直接发议论，想要表达的意思或以微言大义手法，或寓义于体例编纂之中。这是孔子的精神，也是司马迁修史的原则。

司马迁照引史料而不予修饰的方法，后来为班固忠实地继承，所以《汉书》也是仅收史料而很少发议论。赵翼《廿二史札记》也说《汉书》多载诏令、奏议等有用之文。到了晋人陈寿撰写《三国志》，也基本上对原始史料不加改动地使用。有一个典型的例子，即《三国志》在采用鱼豢《魏略》的

史料时照用"今云"用语的情况。"今"本是鱼豢《魏略》时期的"今",而非陈寿作《三国志》时期的"今",却残留了下来。

使上述司马迁以来史料编纂法发生变化的是范晔,对此内藤湖南曾指出:"《汉书》《三国志》以前的记录中经过编辑的并不多,更多的还是那些基本史料。然而,范晔的《后汉书》是各种《后汉书》中成书最晚的,在此之前曾经有过七八种《后汉书》存在,而且都是经过编纂的著作,今日作为那些书断篇的汇集还出版了《七家后汉书》。范晔的《后汉书》就是将这些书消化之后编纂而成的。就是在范晔将以往编纂物作为材料使用时,出现了改写文章的必要。不仅如此,范晔还是颇有名气的文学家,毕竟有着经过自己头脑考虑而著述历史的抱负,他应该还有不满意前人著作所以要改写的原因吧。总之,将《三国志》《后汉书》所载同样事例加以对比的话,就会发现《后汉书》有很多地方改动了原文。尽管如此,《后汉书》在史书体例的根本上,还是坚持了《史记》以来的宗旨。"(内藤湖南《中国史学史》,马彪译)

总之,对史料进行加工、阐述的新史学风气,自范晔创始之后作为一种编纂方法流传下来,它与

忠实原始史料的编纂法并行不悖地促成了中国史学的绵延不绝。《后汉书》是中国史学大发展时期的产物，也为中国史学真正成为有明确治史主张的历史科学做出了杰出贡献。

三、《后汉书》对纪传体例的继承与创新

毫无疑问，范晔对史学编纂法的创新，并不影响《后汉书》对司马迁以来纪传体例的继承。这一点只要看一看《后汉书》之篇章结构和作者的治史主张，其中不论继承还是创新都很清楚。

首先，看一下《后汉书》的"纪"。自从《史记》纪传体编纂体例问世，历代正史以"纪""传"为基干叙述历史沿革脉络的做法，就成了一种传统，范晔对此予以了继承。

《后汉书》所设十卷纪是东汉二百年的编年大事记，为全书的纲要。其中前九卷记载了东汉十三位皇帝，但是范晔没有采取《汉书》那样一帝一纪的写法，而是仿照《史记·秦始皇本纪》附二世胡亥和秦王子婴的先例，在《和帝纪》后附殇帝，《顺帝纪》后附冲、质二帝。其效果是既节省篇幅，又不

遗漏史实，更重要的是由此点明了被附录者的附属地位。最后一卷是《皇后纪》。这种把皇后入本纪的体例是范晔的新创。《史记》《汉书》虽然有《吕后纪》，但那是出于承认吕后实际的皇帝权力的考虑；其他的皇后是放在《外戚世家》《外戚传》中的。不仅如此，全部"二十五史"中也只有《后汉书》设置了《皇后纪》，为什么呢？其实，这是由范晔治史主张所决定的。他在《后汉书·皇后纪》中说："自古虽主幼时艰，王家多衅，必委成冢宰，简求忠贤，未有专任妇人，断割重器。……东京（指东汉）皇统屡绝，权归女主，外立者四帝，临朝者六后，莫不定策帷帟，委事父兄，贪孩童以久其政，抑明贤以专其威。……故考列行迹，以为《皇后本纪》。"也就是说此《皇后本纪》的设立，目的在于反映东汉六太后长期临朝执政的史实。

再说"列传"部分，其分量在总共的一百二十卷中占了八十卷，这无疑是全书的主要内容。范晔效仿《史记》中列传"以类相从"的原则，将生平相似的人附录于某一个重要人物的传之中，使得叙事简洁而周密。不过，范晔对列传的创新还是非常明显的，他根据自己对东汉史的理解，在保留《史记》《汉书》中都有的《循吏列传》《酷吏列传》《儒

林列传》之外，删去了《货殖列传》《游侠列传》《佞幸列传》，新增了前所未有的《党锢列传》《宦者列传》《文苑列传》《独行列传》《方术列传》《逸民列传》《列女传》七种，可见改动之大。而且他所新增的各传，基本上被后人予以承继，无疑有其开先声之功。

这些新增列传都是反映东汉历史实际情况的创新，从中不难看出作者是如何根据东汉二百年历史具体内容而独辟蹊径的。

党锢事件直至东汉末年延续了二十余年，甚至成为汉朝灭亡的一个重要因素。东汉后期君权衰弱，朝政为外戚、宦官等当时被称为"浊流"的腐败势力把持，造成了中国历史上有数的昏暗政治局面。为此，士大夫官僚与在野文士两相呼应，代表"清流"奋起抗争。由此他们的学派朋党逐渐成为政治党派，所谓"党人"成为政权的敌人，他们或遭杀害，或被终身禁锢不得为官，最终演变为亲属、门生、故吏连坐受害的惨烈局面。范晔为了重现这段历史，尽最大努力收集了被迫害的三十五个党人，将他们铺写成传，即《党锢列传》。

《宦者列传》序文中，范晔在回顾先秦、秦汉历代宦官事迹的基础之上，重点对宦官势力为何在东

汉达到极盛的原因，提出了自己的见解。他认为女主临朝执政以及相应的外戚专权局面出现是主要原因，前者直接造成宦官插手政务；后者在与皇权的较量中，也刺激了作为皇帝爪牙的宦官势力的成长。在外戚、宦官两大集团较量的同时，范晔指出，敢于挺身斥责宦官的只有被他称为"忠良"的士大夫们，但他也看到由于士大夫只会动嘴不会动手，所以不免"言出祸从，旋见孥戮"；最终当军阀介入斗争之后，鼠器俱毁，迎来汉帝国的"运之极"，历史又回到"汉兴"之前的天下混乱状况！

《后汉书》不再像《史记》《汉书》那样设立《游侠传》，而是创立了《独行列传》。这是古代中国游侠向独行者演变的写照。范晔首创的《独行列传》中记录了二十多个不同流俗的独行者的形象，其中对东汉围绕名节出现的各式各样独特行为的记载，都是极其珍贵的史料。比如其中的《范式列传》，以范式千里赴约、死友托梦、护送棺柩等情节，勾勒出一位以坚守信用、重视情义、特别独立、卓行善事而受爱戴的独行者的形象。

自西汉刘向撰述《列女传》以后，范晔第一次将此体例引入纪传体史书，而且使之成为后世撰写正史的一种体裁。《后汉书·列女传》为十七名典型

的女性列传，反映了东汉以及此后一个时期社会的女性观，是一部难得的东汉女性史。

为列女立传虽然最早始于西汉的刘向，但是将《列女传》列入正史，则是从范晔开始的。再联系上述《皇后纪》的创设，读者不仅可以看到东汉女性的某些实况，也能感受到南朝人范晔的女性观。特别是范晔不仅收入贞节烈女，同时收入文学才女的做法，更是难能可贵。他根据自己所定"搜次才行尤高秀者，不必专在一操而已"的标准，不但收入了才德兼备的班昭，也收入三度改嫁的蔡琰。这是后代那些拒绝将著名女词人李清照收入《宋史·列女传》的儒生所不能理解的，也是范书"列女"与后代"烈女"的区别所在。

最后，说一说《后汉书》"志"的情况。当然，严格地讲应称为《续汉书》的"志"，即上文已经谈到的司马彪的"续志"。必须指出的是，范史缺志并不是作者没有这方面的打算，他在《狱中与诸甥侄书》中曾提到自己"欲遍作诸志，前汉所有者悉令备"的写作计划。他原定写十纪、十志、八十列传，合为百卷，与《汉书》相应，但在动笔写作志时他就被杀害了，致使范史出现阙漏。当然，除了遭遇不幸的意外原因，范晔未来得及完成志的一个理由恐怕还

在于，撰写志的难度较大。其实，史书的编纂之中，志从来都被认为是最难的，就连班固的志也曾遭人非难，可见不是什么人都能写好志的。从这一点来看，像范晔这样才华出众的才子，未能为我们留下他所欲"遍作"的"诸志"，真是中国文化史上的一大缺憾！好在司马彪的《续汉书》的八志三十卷，至少在内容和形式上都有着拾遗补阙的功效。

司马彪的八志分别是《律历志》《礼仪志》《祭祀志》《天文志》《五行志》《郡国志》《百官志》《舆服志》。其中《郡国志》《百官志》记载了东汉的地理、官制情况，可以上接《汉书》的《地理志》和《百官公卿表》，是了解和研究地理历史、官制沿革的重要史料。《舆服志》是新创志目，记载车仗、服饰等典章制度。

在此，还有必要交代一下笔者的选篇标准。其实，这与选篇人的主导意识是分不开的，特别是对于一部名著，读者、学者、编者都会从各自不同的立场和视角予以审视。那么，笔者是如何给《后汉书》定位的呢？我称之为"'前四史'中成书最晚而颇多创新的《后汉书》"。其中的关键词为："前四史""后汉""多创新""成书最晚"。围绕这四个关键词，笔者建议读者：（一）遵循正史纪传体的

结构体例，对"纪""传""志"三种体例全部读到。（二）选择最能反映东汉帝国之创建（开国帝王将相）、中衰（皇后、外戚、宦官、士大夫）、崩溃（军阀）等阶段性的篇章重点读。（三）重视范史新增的项目（如上文所列）。（四）重视那些体现汉代以后六朝文风的片段（如《党锢列传序》）。

四、如何阅读与欣赏《后汉书》

如何阅读与欣赏《后汉书》呢？这也是学生经常提到的问题。虽然回答可以是见仁见智的，但就我个人观点而言，至少有以下三个看点，是读者绝对不能漏掉的。

第一，特别关注那些新设置的纪、传、志。正像上文所介绍的那样，《后汉书》所有新增项目都是作者别具匠心的安排，而且其中多数为开后世先河之作。如果能抓住这些创新点，有意识地与《史记》《汉书》中已有的传统项目进行对比的话，更容易发现东汉帝国的特色，从中得到读史的乐趣。同时还建议读者不妨按照作者的思维，根据不同项目间内在的相关性进行适当的排列组合。例如把《党锢列

传》与《宦者列传》做一组；《皇后纪》《列女传》为一组；《独行列传》《逸民列传》为一组；《循吏列传》《酷吏列传》为一组；《儒林列传》《文苑列传》为一组；或者《方术列传》与《五行志》为一组；对那些个别人物传也不妨按文臣、武将、外戚、皇室，甚至某一时代为一组。总之，按照自己的口味，凭兴趣阅读的话，你一定能体会到读史书其实就像欣赏一幕一幕历史的话剧。

第二，阅读书中的"论"和"赞"。无怪范晔对自己的"论""赞"很自得，那些内容确实都写得很精彩，给人以搔到痒处的享受。例如《党锢列传》中既称颂匹夫"品核公卿，裁量执政"，又批评党人"望门投止"，连累他人。《宦者列传》中既斥责侯览等人"凶家害国"，也赞扬蔡伦等"一心王室"。《隗嚣传》中虽写出了隗嚣搞小王国终究失败的结局，但评论说"知其道有足怀者，所以栖有四方之杰，士至投死绝亢而不悔者矣"。类似的评论在《后汉书》中随处可见，以至赵翼《廿二史札记》称其"立论持平，褒贬允当"。

第三，欣赏那些描述人物、事件的文笔。范晔以"善为文章"著称，《后汉书》的文笔在中国史书中属上乘。以范晔塑造人物形象为例，《冯异列传》

中寥寥数语为读者勾勒出一位独屏树下深思的"大树将军"形象;《董卓列传》中写董卓死后,守尸吏燃火置董卓脐中,竟然"光明达曙"。在不讳背基本史实的前提下,对史料做适当的加工润色,这是范史的创新和特色。作者的文才活化了历史人物,像华佗的神奇医术(《华佗列传》)、严光的狂放不羁(《严光列传》)等等不胜枚举。

又由于范晔生活在骈体文流行的年代,所以行文中不乏辞采精美的骈文佳作。

当然,阅读任何一部作品都应该对其弱点、缺陷有清醒的了解。《后汉书》最大的不足之处,是它有缺项。

第一,《后汉书》缺少《史记》《汉书》都有的"表"。《四库全书总目》就说"昔司马迁作《史记》,始立十表。《梁书·王僧虔传》称其'旁行斜上,体仿《周谱》,盖三代之遗法也'。班固八表,实沿其例。范蔚宗作《后汉书》独阙斯制,遂使东京典故散缀于范传之内,不能丝联绳贯,开帙厘然"。为了弥补这一缺陷,从宋代至清代,学者中甚至兴起了一种为《后汉书》补表的风气,出现了宋熊方《补后汉书年表》、明末清初万斯同《历代史表》,清儒的补表有钱大昭《后汉书补表》、黄大华《东汉中兴

功臣侯世系表》《东汉皇子王世系表》、华湛恩《后汉三公年表》、练恕《后汉六卿年表》等。从《后汉书》进而扩展至《三国志》，中华书局汇集这些补表出版有《后汉书三国志补表三十种》。

第二，是"志"的阙如。司马彪的志虽有补缺之功，但遗憾的是缺少与社会经济、政治、思想文化关系都相当大的《刑法志》《食货志》《沟洫志》《艺文志》四志，这显然与范晔"前汉所有者悉令备"的愿望有很大差距。为此，清代学者除了补表之外，还有些人致力于补志。例如钱大昭《补续汉书艺文志》、侯康《补后汉书艺文志》、姚振宗《后汉艺文志》、顾櫰三《补后汉书艺文志》、曾朴《补后汉书艺文志并考》等。

第三，虽然加工、润色史料是范史的创新，甚至可谓史学编纂法上的突破，但是毕竟要清醒地看到其中也有史料失实的危险。所以研究者在利用这些史料时要慎重，有必要合参同时期的其他材料。因为范晔在撰写《后汉书》时，应该参考了他以前的东汉刘珍等《东观汉记》、三国谢承《后汉书》、晋司马彪《续汉书》、华峤《后汉书》、谢沈《后汉书》、袁山松《后汉书》，还有薛莹《后汉记》、张莹《后汉南记》、张璠《后汉记》、袁宏《后汉记》等

书，所以了解这些后汉书的辑佚本也很有必要。周天游《八家后汉书辑注》是目前较好的辑注本。

五、《后汉书》的注解、版本及其参考书

首先，关于《后汉书》的注解。早在南朝时梁人刘昭（约五一〇年前后在世）就已经为《后汉书》作注了。由于刘昭上距范晔去世不过五六十年，范晔所能见到的各家后汉书尚未散佚，所以他有条件对范书进行史实的补充。可惜他的注解后来也散佚了，现在能见到的只有他为司马彪"续志"所作的"八志注"了。

到了唐代，唐高宗之子李贤与张大安、刘纳言等人，在高宗上元（六七四—六七六）、仪凤（六七六—六七九）年间为《后汉书》作注，今天通行的《后汉书》纪传部分就采用了李注。李贤等人的注侧重诠释字句。王先谦说他注《后汉书》不比颜师古注《汉书》差，可惜所注非一手所成，不免有漏略之处。实际上李贤被立为皇太子以后，才跟张大安等人一起注《后汉书》，至他被废为庶人，注释工作结束，前后不过六年，没有充裕的时间详细

校订，漏略在所难免。不过，毕竟由于他们还能见到关于后汉的其他史书，所以校正了范书许多错误，还标注了《后汉书》各种史料的来源，是今天研究东汉历史的重要依据。到了清代，先有惠栋的《后汉书补注》，在此基础之上王先谦又广罗众人成果，撰《后汉书集解》，成为研究《后汉书》的重要参考材料。

其次，谈谈《后汉书》的版本。宋版有北宋乾兴（一〇二二）刻本、南宋绍兴年间江南东路转运司刻本、南宋钱塘王叔边刻本。南宋绍兴刻本是现存最早而且较完整的版本。二十世纪三十年代商务印书馆影印"百衲本二十四史"时，就是以绍兴刻本为底本。元版有麻沙刻板的小字本、大德九年（一三〇五）宁国路儒学刻本。明版有南北国子监刻本、闽本（福建周采等刊刻）、汲古阁本（毛晋刊刻）等。清代诏修《四库全书》武英殿本《后汉书》是按照明国子监本翻刻的。然而，值得注意的是明代监本在合刻时删去了司马彪的名字，而且将刘昭的注补改写为补并注，清武英殿本又照明监本翻刻。这就很容易使人误认为八篇续汉志是南朝梁人刘昭补充并注释的。一九六五年中华书局点校本以百衲本《后汉书》为底本，对校以汲古阁本和武英殿本，

同时参考了前人的校勘考订成果，纠正了许多错误，在排列顺序上把范书的纪传部分及李贤的注放在前，司马彪的续志及刘昭的注放在后，而且分别写明作者姓名，是目前最好的版本。

再次，其他参考书。《后汉书》的校补考订之作，较重要的有清儒钱大昕《廿二史考异》中《后汉书》部分、钱大昭《后汉书辨疑》、周寿昌《后汉书补正》、李慈铭《后汉书札记》等。

《三国志》导读

千古风流话三国

张伟保

北京师范大学文学博士暨新亚研究所历史学博士、澳门大学教育学院副教授（文史教学）

一、三国鼎峙

东汉末年政治黑暗，戚宦相争，吏治腐败，民不聊生，因而不断发生大规模民变。其中，以一八四年张角与其弟张梁、张宝三人率领太平道信徒起义最为声势浩大，直接动摇了东汉政权的基础。起义军戴黄色头巾做标志，因而被称为"黄巾军"。虽然黄巾起义很快被镇压，但余党仍散布各地。一八八年，汉灵帝采纳刘焉的建议，制定了州牧制度，加强对地方的控管。一八九年，汉灵帝死，汉少帝刘辩即位，何太后临朝称制，外戚何进专政。袁绍向何进建议诛杀宦官，何进犹豫不决，宦官先发制人，杀了何进。袁绍继而与袁术合力诛杀宦官。其后，董卓率兵入洛阳，控制了朝廷，袁绍及曹操纷纷逃离京师，最后董卓废黜汉少帝刘辩，改立年仅九岁的刘协为帝，史称汉献帝。董卓掌握大权后，暴露了他的凶残本性，杀少帝、掘陵墓、抢珍宝，荒淫无道，专断朝政。关东诸郡起兵讨卓，董卓乃火烧洛阳，并挟持天子迁都长安，自为太师。由于董卓恶行昭彰，在一九二年，司徒王允与吕布合谋把他刺杀了。董卓虽死，但下属李傕、郭汜等人挟持汉献帝，专政四年。一九七年郭汜被部将伍习所杀，一九八年李傕又为曹操所诛杀。

二〇〇年，曹操以少胜多，在官渡击溃了袁绍军团，袁氏势力随后被歼灭。之后，曹操更统一了北方。

在曹操扩展势力、"北方多务"的同时，孙坚、孙策亦有相当的发展，终于成为江东的主宰者。孙权继承父兄的基业，任用张昭、周瑜、鲁肃等贤能之士，在江东拥有牢固的地盘。而汉景帝之子中山靖王的后裔刘备，经过不少历练和挫折后，最终投靠了控制荆州的刘表，在新野招揽人才。由于得到关羽、张飞、诸葛亮的协助，逐渐拥有一些势力。二〇八年，曹操亲率大军南下荆州，刘表病逝，次子刘琮继任，并随即向曹操投降。曹操不听从谋士贾诩的劝说，冒进江东，企图一统天下。刘备见形势危急，派诸葛亮出使江东，寻求与孙权结盟，合力抵抗曹军。孙权亦受到鲁肃的鼓动，同意联刘抗曹，最后决战于赤壁。北方士兵多不谙水性，曹军将船只连接在一起以稳定船身。因此，周瑜决定采用火攻，不但火烧连环船，更焚及大量岸上的营寨，终于大败曹军。曹操被迫退回北方。刘备亦趁机占据荆州西部地区，后来更获得千载之机进占益州，建立自己的根据地。孙权则继续稳固江东，又积极开拓东南地区，势力日益强大，终于形成天下三分的局面。

二二〇年，曹丕篡汉自立，定都洛阳，国号"魏"；次年，刘备在成都称帝，国号"汉"。二二二年，刘备为了替关羽报仇，攻打东吴，反于夷陵之战被吴军陆逊击败，崩于白帝。诸葛亮与李严受命托孤，共同辅佐后主刘禅。二二九年，孙权在建业称帝，国号"吴"，名实相符的三国鼎立正式开始。

其后四五十年间，三国之间不时发生战争，但都以发展经济、恢复生产为主，出现一段较稳定的对峙局面。由于魏国占据的北方是传统农业区，当战争大致平息后，经济恢复到一个阶段，整体经济实力便会远远优于东吴和蜀汉。因此，到了二六三年，掌控了魏国大政的司马昭便派出钟会、邓艾攻打蜀国，迫使刘禅出降，蜀国灭亡。二六五年，司马昭之子司马炎篡魏自立，国号"晋"，魏国正式退出历史舞台。二八〇年，司马炎派贾充、杜预、王濬等攻打吴国，孙皓出降，吴国灭亡，三国时代正式结束，天下回复短暂的统一。

二、三大战役

中国历史上，有数次以少胜多的著名战役，其

中两次即发生于这个时期：官渡之战和赤壁之战，对三国鼎立有决定性影响。另一场奠定三国鼎立基础的战役是夷陵之战，它决定了荆州永久归属于东吴。史家称以上三场与三国鼎立有关的大战为"三大战役"。

（一）官渡之战

官渡之战是形成三国鼎立局面的第一场大战役，亦是中国历史上著名的以少胜多的战役之一。东汉末年，黄巾军虽被镇压了，但东汉政权已经岌岌可危，地方势力迅速崛起，形成群雄割据的局面，主要有河北的袁绍、兖州的曹操、豫州的陶谦、徐州的吕布、扬州的袁术、江东的孙策、荆州的刘表、幽州的公孙瓒、南阳的张绣等。在征战连连中，袁绍与曹操两大势力日益壮大。

开始时，袁绍势力比曹操强盛。袁绍兵力众多，曹操则四面受敌。但后来局势向着有利曹操的方向变化：曹操消灭吕布，袁术病死，张绣投降，刘表持观望态度，孙策保守江东。再者，由于袁绍迟疑不决，失去与刘备夹击曹操的良机，因此形势变得对曹操有利。

二〇〇年二月，官渡之战爆发，战争历时九个

月，约可分为三个阶段。第一个阶段：二月至六月，曹操采取"以退为进"的战略，屡战屡胜，士气高涨；第二个阶段：七月至九月，双方于官渡相持，曹军粮草将尽，但听取荀彧的建议后，坚守待变；第三个阶段：十月，曹操突袭袁军乌巢粮仓，将粮草全部焚毁，袁军大溃。官渡之战为曹操统一北方奠定了基础。

（二）赤壁之战

赤壁之战是继官渡之战后，又一场以少胜多的战役，更是奠定三国鼎立局面的大战役。曹操统一北方后，于二〇八年大举南下，欲先攻打刘表，再击败孙权，继而一统天下。九月，曹军进攻新野，刘表之子刘琮出降。曹操轻取荆州，野心大增，即率军东向，兵锋直指江东。刘备派诸葛亮游说孙权，结盟抵抗曹军。孙权任周瑜为孙刘联军的主帅，统率联军约五万人到赤壁，与曹军对垒，而自己则统率大军殿后。北方士兵不谙水性，曹操下令用铁链将船只固定，但这样船只便失去了机动性。周瑜利用曹军这一弱点，派黄盖佯装投降，终于火烧曹军连环船，最后曹军大败。战后，曹操被迫退回北方，孙权为了抗曹，继续与刘备联军，听从鲁肃的建议，

将江陵一带借给刘备，以巩固双方关系。

赤壁之战后，曹操退守北方，向西面扩张，控制关中，又广泛实行屯田制，稳定社会经济；刘备则据荆州，后占成都，趁机建立自己的根据地，扩张势力；孙权则稳固江东，积极开辟东南地区，势力也不断壮大。自此，拉开了三分天下的帷幕。

（三）夷陵之战

夷陵之战是吴蜀为争夺荆州而展开的战役。南方政权如果要北伐中原，荆州是前进的最佳据点。北方南下统一江南，如不攻破荆州，便无法攻占长江下游地区，正因荆州位处东西南北的中心，因而成为兵家必争的地方。

二一九年，孙权派陆逊偷袭荆州，关羽被杀。孙权为避免两线作战，假意向曹魏称臣。二二一年，刘备为夺回荆州并为关羽报仇，一意孤行，不顾群臣反对，毅然发动夷陵之战。

起初汉军打着为关羽报仇的旗号，士气高涨，屡战屡胜，陆逊洞悉汉军必会乘势追击，因而下令吴军退至夷陵，伺机而动。二二二年二月，汉军亦东移至夷陵，陆逊则死守夷陵。两军人马对垒半年，汉军已无心作战，陆逊大举反击，火攻汉军营寨，

并封锁江面，刘备被打得措手不及，几乎全军覆没。刘备战败后退回白帝城。二二三年四月，刘备崩于白帝城。夷陵之战后，吴蜀双方言归于好，又联手共同抗魏。

三、陈寿《三国志》及裴松之注

《三国志》作者陈寿（二三三—二九七），字承祚，巴西安汉（今四川南充北）人。少受学于史学家谯周。据《晋书》本传记载，他在蜀汉时曾任卫将军主簿、东观秘书郎、散骑黄门侍郎。因不依附当权宦官黄皓而屡遭贬黜。入晋后，司空张华爱其才，荐为佐著作郎，又迁著作郎，出补平阳侯相。陈寿为蜀人，曾编纂《益部耆旧传》和《诸葛亮集》，对蜀汉历史十分熟悉。晋朝太康年间，陈寿参考了王沈的《魏书》、鱼豢的《魏略》及韦昭的《吴书》等史籍，全面整理三国史事，终于完成编写《三国志》共六十五卷的工作。陈寿《三国志》是体系庞大的纪传体史书，它的脉络分明、文笔简练，"时人称其善叙事，有良史之才"。据《新唐书》卷五十八《艺文二》记录，《三国志》分列为《魏国

志》三十卷、《蜀国志》十五卷、《吴国志》二十一卷，说明当时三部书曾经独立编目。

由于陈寿《三国志》内容较为精简，引致部分读者的批评。到了南朝刘宋时，裴松之（三七二—四五一）奉诏为《三国志》作注。裴松之字世期，河东闻喜（今山西闻喜）人。东晋时，历任殿中将军、司州主簿、零陵内史、国子博士等。宋文帝元嘉初，充巡行湘州大使，转中书侍郎，司、冀二州大中正。他利用了超过两百种历史文献为《三国志》作补注，开创了注史的新例，大大丰富了它的内容。后来，《三国志》及裴松之注与《史记》的裴骃、司马贞、张守节三家注及《汉书》的颜师古注、《后汉书》的韦贤注，成为"前四史"的标准注本，流传至今。

陈寿以晋臣身份编撰《三国志》，以曹魏为正统，尚属合理，但在行文时，却不得不照顾历史的真实，即魏、蜀、吴三国是互相抗衡的政治独立实体。如何兼顾二者，陈寿可以做的不太多。结果是《三国志》表面上以曹魏为正统，内里却是各自独立的著作。所以，形式上以曹魏政权为"纪"，如《武帝纪》《文帝纪》等，而蜀汉政权称"传"，如刘备称《先主传》，孙权称《吴主传》。形式上明显是尊

魏贬蜀、吴。

事实上，陈寿在撰写蜀汉和东吴的历史时，均按照"纪"的方式来处理两国君主的事迹。例如，在编写孙权的"传"时，就采用传统"本纪"体的写法。它不但以吴国年号纪年，更在传主个人历史外，全面记载了吴国的内政与外交，这其实便是"本纪"体。陈寿也用同样的方式处理刘备和刘禅的事迹，这应该是一种折中方法。

历史记录必须真确，否则难以受到重视。三国对峙达四五十年之久，基本上都是独立的政权。如果完全抹杀蜀、吴两国的独立性，必将受史家的唾弃。因此，为了兼顾现实限制和历史真实性的矛盾，陈寿将名实二者予以区分。在名义上、表面上以魏为正统，并在蜀、吴两国君主称帝或嗣位时标明魏国年号；实际上却是蜀、吴两国各自称帝、建号、改元，对曹魏没有任何隶属关系。诚如《新唐书·艺文二》所记，当时《三国志》是三部独立的书。由于三书各自独立，陈寿仅以"某主传"代替"某帝纪"，但编写方式却完全按照"本纪"的体例撰写。所以，刘知幾《史通·列传》曾评说："陈寿《国志》载孙、刘二帝，其实'纪'也，而呼之曰'传'。"这种说法，一直以来都受到大部分史家的承认。

四、《三国志》的现代价值

自从五四新文化运动以来，人们对传统文化日渐疏离，甚至有"全盘西化""废弃汉字"的极端主张。对于经典著作，多采取敬而远之的态度。唐君毅先生在一九七六年出版的《说中国民族之花果飘零》（台北：三民书局），恰似一个时代的真实写照，难免让人黯然神伤。

到了一九七八年，中国内地实行全面的改革开放，为中华大地送来无限生机，香港亦由工业城市转型为以服务业为主的知识型经济城市。随着香港、澳门的回归，以及新世纪的降临，中华民族重新发出万丈光芒，昂首阔步走向世界。重寻昔日的光辉，再踏征途，对传统文化焉能视而不见，对经典著作又岂可继续"束之高阁"呢！

然而，由于我们的教育必须面向新时代，知识结构亦日新月异，一般读者，即使对传统经典著作深感兴趣，在阅读这些体大思精、寓意深远的作品时，往往会碰到不少文字上的障碍，需要一些深入浅出、富于时代精神的导引。中华书局（香港）有限公司出版的"新视野中华经典文库"，正肩负起这个使命。

这些经典著作代表了五千年中华文化的精粹。其中，《三国志》所记载的是由统一到分裂、再由分裂重新统一的时代。在短短的一个世纪中，出现了无数可歌可泣、精彩绝伦的故事。大批家喻户晓的军政领袖、将帅、谋臣，纷纷在这个历史舞台上参与演出，激荡着历代骚人墨客、市井小民、贩夫走卒的心灵。

以唐代诗人为例，王勃的《铜雀妓》、刘希夷的《蜀城怀古》、张说的《邺都引》、张九龄的《读三国志》、李白的《赤壁歌送别》、杜甫的《蜀相》《八阵图》《咏怀古迹》、杜牧的《赤壁》、李商隐的《筹笔驿》《武侯庙古柏》等大量作品，说明这些大诗人都受到三国故事与人物的影响而产生共鸣。其中，最能反映三国故事之广受欢迎的，是李商隐的《骄儿诗》。诗中有两句是"或谑张飞胡，或笑邓艾吃"，说明唐代社会流行三国故事的傀儡戏。儿童看过傀儡戏便骑起竹马来，学起戏中人的一言一行。

到了宋、元，民间流行说书，现存元《至治新刊全相平话三国志》是当时说书人的稿本，产生在十四世纪二十年代初。到了元末明初，罗贯中根据《三国志》和《三国志平话》等，以"文不甚深，言不甚俗"，雅俗共赏的特点，完成了《三国志通

俗演义》，受到读者的热烈追捧。与《演义》不同，《三国志》是以人物传记为中心，对认识三国人物自然更为完整和可靠。通过这些人物传记，可以更深刻地了解这些风云人物的成长经历、处事方式和心态。

事实上，我们正身处地球村的新世代，必须具备更宽广的视野。三国故事在政治、军事、经济、社会等方面，都有大量真实的案例，可供读者借鉴。古语说："君子以多识前言往行，以畜其德。"多读一些历史典籍，自然可增长识见，积累人生经验。三国故事广泛流传，内容饶有趣味，《三国志》正是适合我们阅读的经典作品。

出行图（东汉），内蒙古鄂托克旗凤凰山 1 号汉墓出土。

《贞观政要》导读

贞观君臣为政安邦的核心思想

罗永生

香港大学哲学博士、
香港树仁大学历史学系副教授

一、《贞观政要》的作者及成书背景

《贞观政要》一书辑录了唐太宗李世民（五九八—六四九，六二七—六四九在位）与其大臣们，如魏徵（五八〇—六四三）、房玄龄（五七九—六四八）、杜如晦（五八五—六三〇）等数十人的对答、议论和奏疏，以及治国安邦的理论观点和政策举措，是一部政论性历史文献，也是研究中国古代政治典范以及相关思想的重要典籍。全书共十卷，四十篇，二百四十七章。

编著者吴兢（六七〇—七四九），唐汴州浚仪（今河南省开封市）人，是唐代以直笔修史著称的史家。武则天（六二四—七〇五，六九〇—七〇五在位）时期，吴兢奉召进入史馆工作，负责编修国史。至唐玄宗李隆基（六八五—七六二，七一二—七五六在位）开元年间，升任谏议大夫，兼修文馆学士等职，继续参与国史编撰工作。吴兢编撰史书，主张叙事简要，如实记载历史事实，以取信于后人。他曾与当时著名史家刘知几等一同编撰《武后实录》，然而现存史料并无明确记载《贞观政要》的成书年月，不过根据吴兢在书中自序分别称时任三省长官，具宰相身份的源乾曜（？—七三一）为侍中安阳公，张嘉贞

（六六五—七二九）为中书令河东公，而源、张两人一同任相的时间只有开元八年（七二〇），可以推断《贞观政要》大概在这时期定稿和进呈给唐玄宗。

在吴兢看来，唐初太宗贞观时期，法良政善，"良足可观"；而玄宗开元（七一三—七四一）、天宝（七四二—七五六）年间的政治面貌，已大不如前。当时李唐王朝表面虽呈现兴旺的景象，但危机已露端倪，熟悉历史的吴兢已经感受到盛世背后埋藏了衰颓的危机。为了让大唐王朝能长治久安，他深感有必要总结贞观年间君臣相得、励精图治的成功经验，为当时乃至后世的帝王将相树立起施政的楷模，这就是《贞观政要》的写作动机。基于这样的背景，《贞观政要》一书长期以来颇受历代统治者的推崇和重视。传统历史上，唐太宗李世民被塑造成一位杰出的帝王。他协助父亲李渊反隋兴唐，统一天下，也曾亲身经历过隋王朝初期的繁荣兴旺。然而，隋炀帝荒怠无道，短短数年间，曾经强盛一时的隋杨王朝在群雄起事之中被推翻。李世民深深领略到以民为本的重要性，明确说出"君，舟也；民，水也。水能载舟，亦能覆舟"的道理。他通过"玄武门之变"登上帝位后，改年号为"贞观"，执政二十三年，期间经常与房玄龄、魏徵、杜如晦、王珪、长

孙无忌等诸臣反复讨论经国济世的大计，最后逐渐形成了轻徭薄赋、劝课农桑、廉洁奉公、任贤纳谏、奖优罚劣、平衡利害、驾驭群僚、防患于未然等一整套治国兴邦的策略。正因如此，才出现了建唐以来空前繁荣与安定的"贞观之治"局面。

二、《贞观政要》的核心思想

下面让我们简单归纳出《贞观政要》一书中所蕴含的几个贞观君臣为政安邦的核心思想，与读者分享一下：

（一）居安思危的忧患意识

"以史为鉴，可以知兴替。"太宗登基后，常与大臣们论及前朝政治得失，斥责历代恶弊，提倡以史为鉴，力戒重蹈亡国之辙。太宗亲身经历了隋朝自强盛走到衰亡的历史，感慨尤深。所谓隋朝"宫中美女珍玩，无院不满。炀帝意犹不足，征求不已，兼东西征讨，穷兵黩武，百姓不堪，遂致灭亡，此皆朕所目见"。由此及远，太宗与大臣们推究夏桀、商纣、秦始皇、秦二世、北齐高纬、北周宇文赟等

亡国之君由盛到衰的致命弱点和帝王短祚的根本原因，从而得出结论：帝王"恣情放逸，劳役无度，信任群小，疏远忠正，有一于此，岂不灭亡"！"末代亡国之主，为恶多相类也。"如何治国安邦，永保李唐社稷千秋大业，这是太宗从即位至晚年常系心头、冥思苦索的重大问题。太宗在不同场合再三训诲臣僚须时时刻刻居安思危，不可懈怠。居安思危的忧患意识，是中国自古以来政治思想的核心课题，先秦诸子百家一致认同，君临天下者应具有"如临深渊、如履薄冰"的忧患意识。忧患意识作为一种精神压力，可以能动地催发意识主体的斗志，孜孜不已作用于客体，创造辉煌。贞观年间，太宗所颁布的一系列政纲国策，无一不是以满怀忧思、力避重蹈亡国之辙为依据制定的，也正是这种忧患意识，才成就了太宗的帝王事业，开创了前所未有的贞观盛世。

（二）休养生息的基本国策

贞观君臣总结了隋朝及昔日王朝灭亡的历史教训，为政之时采取了三大举措：

其一，清净无为以为民。一方面，以史为鉴，注重了解民间疾苦；另一方面，审视历史，着力探求"静之则安，动之则乱"的客观规律。太宗在位

二十三年，基本上坚持实施清净无为以安民的策略。不过，贞观晚年用兵辽东，亲征高丽，与无为思想背道而驰，实是美中不足之处。

其二，发展生产以养民。太宗即位后，继续推行均田，褒奖垦荒，不夺农时，鼓励生产，并且规定住在户口稠密之处的百姓可迁徙到人口稀少的地方。同时，还将农业发展状况作为考核地方官员政绩的依据：倘若辖区内户口减少、鳏寡孤独数目增加、不经常诱导农桑，有关官员一律降级降职。

其三，轻徭薄赋以恤民。太宗在位期间，大力倡导国以民为本的思想，严禁增设法外徭役赋税，以减轻百姓负担。贞观时期，法定的赋役并不少于前代，所不同的是，除法定的项目外，绝不许再有增加。对于滥收苛捐杂税而扰农伤民的官员，依法论处。相反，当遭逢虫霜旱涝等灾情时，朝廷即遣使和诏令地方政府赈灾抚恤，免除当年租税。如朝廷财政状况有所好转，又会减免部分徭役赋税。贞观元年（六二七），山东诸州发生大灾，许多百姓为了生计被迫出卖儿女。次年，太宗拿出皇帝内府中的金银财宝，帮助灾区百姓收赎被卖的儿女，以示君主恻隐之心和仁义之举。

贞观君臣们以其远见卓识，采取上述一系列举

措，在客观上达到了巩固统治政权的目的，有利于百姓休养生息，并有助社会经济的恢复和发展。

（三）从善如流的民本观念

《旧唐书》曾如此评价太宗："从善如流，千载可称一人而已。"太宗一生最耀眼和最为世人敬慕的，是他没有把自己视为拥有无上权威的天子，反而克己不已，又持久不懈广开言路，屈尊求谏，虚心改过，"力行不倦"做一代有道明君。《贞观政要》描述，太宗容貌威武严肃，宫中进谏的人见到他都紧张得举止失常，不知所措。太宗得知此事后，每逢有人奏本，总佯装和颜悦色之貌，以此足见其求谏心之诚恳，情之真切。通览《贞观政要》，太宗求谏有"三不论"：一是不论时间，二是不论事大事小，三是不论谏言对错。太宗不但主动求谏，更能虚心纳谏，即使在大庭广众之下也不计较帝王之尊，坦然认错。《贞观政要》记载，由于大臣们所呈箴言甚多，太宗"总黏之屋壁，出入观省，所以孜孜不倦者，欲尽臣下之情"。贞观十一年（六三七），魏徵见太宗骄奢渐起，进呈《谏太宗十思疏》。奏章提出十个方面的问题，供太宗思考。第二年，再呈著名的《十渐不克终疏》。奏疏采取对比手法，历数太宗不能善克始终的十大愆过，

语言尖刻，词锋犀利。太宗收到奏章后，"反复研寻，深觉词强理直，遂列为屏障，朝夕瞻仰；又录付史司，冀千载之下，识君臣之义"。

（四）任贤安邦的用人策略

贞观二十年（六四六），太宗就他治国安邦总结了五条成功之道：一曰不嫉胜己之善，二曰能弃短取长，三曰敬贤而怜不肖，四曰不恶正直之士，五曰爱夷如华。

这五条经验中有四条涉及人才，可见所谓"贞观之治"就是任贤致治。太宗主宰大唐江山后，将人才的选拔和任用作为举国之纲，不拘一格，招揽四方贤才，荟萃八面精英。《贞观政要》记载太宗身边谋臣多达四十余人。太宗谈及人才在治国安邦中的重要性时说："为政之要，惟在得人"，"致安之本，惟在得人"，故而他强调要处理好从中央到地方各级官吏的选拔和管理。他重视人才，但并非乱选滥任，而是有一定准则。一是坚持标准，务求称职。二是各级机构和大小官职"用人弥须慎择"。地方刺史由他亲自遴选，县令由吏部五品以上官员会商确定。在选贤择才时，他打破魏晋以来的门第之风，尽量拔擢贫寒之士，而对于那些好自矜大的旧族门阀则

加以抑制。三是唯才是举。贞观名臣魏徵、王珪两人，原属太子李建成的心腹，也是谋害太宗的罪魁之一。可是太宗即位后，知魏徵有经天纬地之才，便捐弃前嫌，频频向他请教军政要事，又屡屡擢升其官职，以致魏徵成了他须臾不可离的谏臣和顾问。魏徵死后，太宗在他灵前痛哭良久，亲自为他撰写碑文。太宗又曾委任王珪为侍中和太子少师等重要职位。太宗对昔日太子李建成和齐王李元吉麾下德才兼备的文武将官，都赏以爵位，封以高官。四是注重考核。太宗把各地都督、刺史等行政长官的名字写在屏风上，在其名下记录各自的功过善恶，"坐卧恒看"，权衡称职与否；又按时派遣重臣依照为官标准，考核各地官吏。由于太宗讲究诚信、不徇私利、求贤若渴、唯才是举，故在位二十三年，文臣武将人才济济，且统治集团内部人心齐整、义同一体，大大提高了国家机器运行的效能。

（五）公正平允的赏罚机制

太宗治国安邦颇为重要的策略是惩恶扬善，恩威并举，借以增强大臣的责任感和紧迫感，在朝中营造人心思上、邪不敌正的氛围。为了使众多贤才脱颖而出，太宗制订详细而严格的选拔程序和考核

制度，将各级官员应达到的德行和政绩列为九等，每年责成吏部逐一考核京官和地方官，考绩优者晋升，劣者贬斥。贞观十七年（六四三），太宗特命画家绘制了长孙无忌等二十四位功臣的画像，悬挂于皇宫凌烟阁，用以表扬他们为大唐社稷所做出的贡献，以激励群臣至诚奉国。太宗对善谏佳言者给予奖赏的例子不胜枚举。

另一方面，太宗又公正惩恶。贞观九年（六三五），盐泽道行军总管、岷州都督高甑生因犯罪而遭流放，有人以其往昔是秦王府的人，请求太宗宽恕。太宗却说："他为我出过力，的确不应忘记。然而，治国守法，上下必须划一，朝中像他这样有功的人很多，如今赦免他，其他人都会抱着侥幸的心态犯法。"因而终未采纳该人之议。

（六）依法行政的治国方略

太宗在大力推行贤能治国之时，也极为重视国家权力管理，以法安邦。首先，建立君臣一体、共治天下的管理机制。在这个问题上，太宗态度比较开明，他甚至认为，天下不是李家皇帝的天下，皇帝也非李氏家族的皇帝。他认为治国安邦，君臣务必荣辱与共，融为一体。太宗建立了一种君臣各行其是、各

司其职的管理模式。在处理重大军国政事时，太宗广泛征求官僚意见，决不独断专行。属自己承担的责任，决不推诿他人；属主管部门和大臣定夺的具体事情，决不越俎代庖。太宗为了广开言路，集思广益，规范了谏官议事制度。在运用赏罚手段调动大臣积极性的同时，还在宫廷施行法与理相结合的教化制。

其次是建立相互制衡纠偏的办事机构。贞观年间，太宗完善和落实了中书省出令、门下省封驳、尚书省执行的权力运行机制。

此外，还有严格的审判制度，杜绝冤假错案。唐初，并非无法可依，而是执法不严，尤其是在大案、要案和死刑的判决等方面往往有失偏颇，对此，太宗颁令：今后遇有死刑，都要交中书、门下两省四品以上官员，以及尚书九卿议定，以避免冤狱滥刑。因此，到贞观四年（六三〇），全国处以死刑的只有二十九人。贞观五年（六三一），太宗因发生误斩大理丞张蕴古事件，又一次诏令：凡已判死刑的案件，在处决之前，必须五次复奏，谨防冤案再度发生。

（七）正身修德的为君之道

太宗平生夙愿依次是积德、累仁、丰功和厚利。不过，魏徵多次说他功利居多，唯德仁未臻于完

美。太宗以为，欲治理好国家，首先要君王正身修德，以身垂范。在这方面，太宗曾做过深入的论述："若安天下，必须先正其身，未有身正而影曲，上治而下乱者。"他善于撷取现实生活中的平淡小事，以阐明"下之所行，皆从上之所好"，富有相当的合理性。"君犹器也，人犹水也。方圆在于器，不在于水。"正是受到以上思想影响，太宗在治国安邦中，注重以德治为先，力争从自己做起，从皇室做起。首先是自我节制。在太宗看来，人君的灾祸，不是来自外部，而是生自本身。贞观十三年，太宗因各地旱灾严重而自我贬抑，不仅不在正殿听政，减少膳食，而且还叫停百姓无偿劳役。其次是加强皇室用度管理，躬行节俭，以奢为戒。三是不徇至亲私情。太宗对宗室中没有功勋而先封郡王的，一律降为县公。在太宗的带动下，杜如晦、房玄龄、魏徵、温彦博等名相正人正己，为政清廉，且两袖清风，去世后家无余产，几乎难以葬身。君臣如是，民风亦然。《贞观政要》曾载曰："（贞观）二十年间，风俗简朴，衣无锦绣，财帛富饶，无饥寒之弊。"

（八）华夷合一的民族政策

唐朝是中国统一多民族国家形成的重要历史阶

段。贞观年间，唐朝疆域日渐扩大，但这并非像汉武帝那样运用军事武力达致的，而是得益于太宗以柔克刚、宽大为怀的策略和"不劳而定，胜于十万之师"的主张。太宗认为自古以来，穷兵黩武的人没有不败亡的，前代帝王往往致力于扩张，以求身后虚名，然而这并无益于当前，反而弄得国穷民困。太宗认为如果于己有益而百姓有损，他必定不为，何况是这种图以虚名而损害百姓的扩张。他以兼收并蓄的广阔胸怀，尽力施行偃武修文、怀柔服远、华夷合一等政策，成功地实现了"中国既安、四夷自服"的战略思想，使周边部族国家竭诚归附，年年朝贡。贞观四年，唐军大破突厥，降附者数十万人，对于如何处理这些外夷，朝廷大臣众说纷纭，莫衷一是。有的进言驱逐塞外，有的奏请改牧为农，当时就连魏徵也提出偏激的主张。最后，太宗坚持安民弭乱的思想，逐一妥善安置，有的还给予高官厚禄，在周边民族中建立了很高的威望，四方君长纷至长安朝拜太宗，称臣于唐，尊太宗为"天可汗"。太宗对于周边部族国家，无论是主动靠拢的，还是被征服的，都一律实行相对松散的民族区域自治政策，即不撤换当地民族所崇拜的部落首长，又不强迫他们改变固有的生活方式和风俗习惯，仅

仅是就地驻军，以维持民族地区的边防安全和社会稳定。为了发展对外关系，使边疆长久安宁、祥和，太宗采用与异邦首领和亲的政策，将皇妹衡阳公主、皇室弘化公主、文成公主嫁给异邦首领。最值得称道的是，太宗坚决摒弃历代统治者贵中华、贱夷狄的传统偏见，敢为人先，将少数民族的将领和贤士举荐到中央和地方担任官员。太宗在国势强盛的贞观年间大力推行华夷合一政策，对消除民族隔阂，促进民族融合，加强民族间经济文化交流往来等，都具有重要意义，为中国这个伟大的多民族国家的形成和发展做出了贡献。

由于太宗与大臣励精图治，唐王朝的发展达到了巅峰。史载贞观年间"官吏多自清谨、制驭，王公妃主之家，大姓豪猾之伍，皆畏威屏迹，无敢侵欺细人。商旅野次，无复盗贼，囹圄常空。马牛布野，外户不闭"，出现了"古昔未有"的繁华景象。虽然其中多有溢美之词，但当时社会矛盾趋于缓和，吏治相对清廉，百姓安居乐业，国家繁荣昌盛是毋庸置疑的。太宗的许多思想、举措和功业，不仅隋炀帝望尘莫及，某些治国方略和实践效果甚至超越秦皇汉武。当然，太宗晚年恃功骄矜、疏贤昵佞、好尚奢靡、劳弊百姓等不端行为有所滋长，虚

心求谏、纳谏作风未能克终，仍有可议处。但生活于一千三百多年前的唐太宗及其臣僚，以其巨大智慧和无限胆识，依靠广大民众，实现了史无前例的贞观之治，使中国历史进入了最治平、最强盛的时代。这也是他们奉献给历史最美丽的一页。

十八学士图

《资治通鉴》导读

一部经典的诞生

张伟保

北京师范大学文学博士暨新亚研究所历史学博士、
澳门大学教育学院副教授（文史教学）

一、史家之绝唱：《资治通鉴》的编纂经过

（一）背景

司马光（一〇一九——一〇八六），字君实，陕州夏县（今山西夏县）人。司马光出生时，他的父亲司马池正担任光州县令，于是便为他取名"光"。年七岁，闻讲《左氏春秋》，极为喜爱，从此便深嗜史学，手不释卷。仁宗宝元元年（一〇三八），司马光举进士甲第，历任奉礼郎、大理评事，入为馆阁校勘、天章阁待制兼侍讲、知谏院等职。英宗治平三年（一〇六六），司马光撰成战国迄秦八卷《通志》进呈，获英宗皇帝的嘉许，特命设局续修。神宗即位，因其有益治道，故赐名《资治通鉴》。其后，王安石推行新法，司马光竭力反对，强调祖宗之法不可变。复被命为枢密副使，坚辞不就。次年退居洛阳，以书局自随，专心编纂《资治通鉴》，直至元丰七年（一〇八四）成书。哲宗嗣位，由高太皇太后听政，召他入京主持国政，数月间尽罢新法。司马光为相八个月病死，追封温国公。传世著作包括《司马文正公集》《资治通鉴》《通鉴目录》《通鉴考异》《稽古录》《涑水记闻》《潜虚》《切韵指掌图》《太玄集注》等。

司马光的《资治通鉴》兼具《左传》和《史记》的优点，在中国史学上占有非同一般的地位。而《通鉴》的编写，虽也曾受帝王的鼎力襄助，却无疑是一本私家修撰的巨著。这种情况，与历代官修史籍大相径庭。民国史学史专家金毓黻教授曾经指出："试考（司马）光自言及刘恕所述，其蓄志修史，非一日矣。及承英宗之命，乃得实践其言；且官修诸史，皆取禀监修，任编纂者往往阁（搁）笔相视，含毫不断，而光之修《通鉴》则无是也。编纂之役，统由自任，上无监修之牵制，下无同辈之推诿，二刘（恕、攽）一范（祖禹），则悉取光旨，共任助役，有相济之美，无意见之差，故撰人独署光名，而他人不得与。虽云近于官修，而与向来之官修者异矣。"[①] 因此，这部史书并不可以官书视之，其实是一部旷代巨著。即使后世不断有续编和改写，但直至今天，这部著作仍可称为"前无古人，后无来者"的经典著作。

中国较早的叙事详尽的编年体史学著作是《左传》，它是鲁国史官左丘明在孔子逝世后，因

---

① 金毓黻：《中国史学史》（上海：上海古籍出版社，二〇一三年），页一八二。

恐弟子们错误理解孔子编纂《春秋》的宗旨，遂利用史官的特殊身份，努力收集各国的历史文献，对《春秋》加以详细的补充，终于完成了一部杰出的编年史——《左氏春秋》[1]。千余年后，宋代历史学家司马光在年轻时就已经非常喜欢和熟悉《左传》，并立志要续写一部自战国至五代、繁简适中的编年史。

原来，自魏晋南北朝以后，史部典籍急剧增加。下及宋代，随着文化知识的日趋普及，历史典籍仍不断膨胀。面对汗牛充栋的史籍，任何勤奋的读者，即使终其一生，也难以完全通读一遍。特别是自班固《汉书》出现以后，无论是纪传体的历代"正史"，或按时间顺序撰写的编年史，绝大部分都是"断代为史，无复相因之义"。即使贯通数代的《南史》《北史》或《十六国春秋》等史籍，也都只是局限于一个较长的时段，再没有出现如司马迁《史记》般贯通古今的历史巨著。

（二）创作动机和前期工作

今天看来，《通鉴》的读者并不仅仅是帝王，一

---

[1] 按：又名《春秋左氏传》，世人多称之为《左传》。

般的读书人读《通鉴》也会大有收获。在司马光的心中，当时读书人的历史知识极为贫乏。事实上，自南北朝以来，像《史记》一般贯串古今的著作已绝无仅有。同时，纪传体正史在史事安排上，同一事件的记载往往过于分散，让人难获完整的印象。若要在其中总结出可以借鉴的经验，十分困难。因此，一般的情况是只选读"前四史"。对三国以后的历史，学者往往茫然。部分人对唐史有较大的兴趣，在当时已属罕见。

对此，司马光反复思量，曾感慨地说："《春秋》之后，《史记》至《五代史》，一千五百卷，诸生历年莫能尽其篇第，毕世不暇举其大略，厌烦趋易，行将泯绝。"因此，"常欲删取其要，为编年一书"。要完成这部伟大著作，在人力和图书资料两方面必须具备良好的条件。为了实践其夙愿，力求打破断代史的局限，以便读者能够更有效地"以史为鉴"，司马光在四十多岁时撰写了上起战国、下迄五代的《历年图》，并在治平元年（一〇六四）进献宋英宗。这部书共有五卷，内容以大事年表形式展示，对中国千百年间的历史变化加以简明扼要的介绍。这是司马光第一部历史著作，也标志着他的终身事业正式展开。在这个基础上，司马光开始撰写由周威烈王二十三年（前四〇三）到秦朝灭亡的历

史，名为《通志》。这部著作事实上便是《资治通鉴》的前八卷。到了治平三年（一〇六六），司马光再向英宗进呈了《通志》八卷，并表示"自少以来，略涉群史，窃见纪传之体，文字繁多，虽以衡门专学之士往往读之不能周浃。况于帝王，日有万机，必欲遍知前世得失，诚为未易。窃不自揆，常欲上自战国，下至五代，正史之外，旁采他书。凡关国家之盛衰，系生民之休戚，善可为法，恶可为戒，帝王所宜知者，略依《左氏春秋传》体，为编年一书，名曰《通志》"，希望获得英宗的支持。[①]不久，英宗命司马光设局于崇文院，自行选择协修人员，进行其修史工作。稍后，神宗嗣位，司马光多次为神宗讲述《通志》，深得这位年轻皇帝的称许，神宗认为司马光这部书"有资治道"，特赐名为《资治通鉴》。他更预先写了一篇序文，命令待全书完成后收入书内。

现在看来，《通鉴》以编年史方式呈现繁复的史事，较纪传体的史书有较多的优点。首先，以时间为序，史事先后本末较纪传体史籍为清晰。司马光又参

---

① 转引自陈光崇《中国史学史论丛》（沈阳：辽宁人民出版社，一九八四年），页一八四、二一〇—二一二。

用《左传》多元化的叙事方法，故读者较易掌握事件的发展脉络。有学者就《通鉴》编排特点特别指出：

> 本来有若干同一事情的材料，是分见于多处的，《资治通鉴》都依次把它们列在一起，而且有的相当集中。例如人所共知的"赤壁鏖战"，这次战役的记载，既有一些见于《后汉书·刘表传》，又有好些散见于《三国志》的魏武帝纪，蜀先主传，诸葛亮、关羽、张飞、赵云以及孙权、周瑜、鲁肃、张昭、黄盖等传，还有些杂见于其他著作。假如我们要了解这次战役的本末，势非遍读上述的纪传不可，而且就是都翻看过了，由于太乱太杂，也未必立刻能清清楚楚地知道它的详细经过。但《资治通鉴》把这件伤脑筋的问题解决了，它不但把所有涉及"赤壁鏖战"的记载都集中在一起，而且还加以剪裁、穿插，写成一篇整洁而生动的故事，看起来既不觉得头绪纷繁，也毫无厌烦之感。它这种功夫，对于读者节省翻检的时间，帮助是很大的。[1]

---

[1] 聂崇岐:《〈资治通鉴〉和胡注》，收于吴泽主编《中国史学史论集（二）》（上海：上海人民出版社，一九八〇年），页二八六。

因此，当《通鉴》顺利完成后，便立即成为史学著作的典范，受到历代学者的共同赞许。

（三）撰写分工情况

司马光是一位伟大的史学家、政治家。今人评论其政治立场多偏于保守，深致不满。但是，若论及其撰写的《资治通鉴》，则几乎是众口一词加以极度的称许，以为是史家的极则。[1] 我们以他所撰写的两篇奏章和其助手刘恕的《资治通鉴外纪序》追述其早年言论为例，考察司马光对《资治通鉴》的创作历程的自述。这类自述式资料对了解《资治通鉴》的价值有所帮助，十分接近"口述历史"的本质。

最早出现的关于《资治通鉴》的材料是刘恕的《资治通鉴外纪序》，它虽写于元丰元年（一〇七八），但其内容却包含了宋仁宗嘉祐（一〇五六—一〇六三）初年关于司马光的一则谈话。刘恕首先评论宋代读书人疏于史学，他说：

---

[1] 对司马光《资治通鉴》加以全面否定的著作，可以李则芬《泛论司马光〈资治通鉴〉》（台北：台湾商务印书馆，一九八六年）一书为代表。李氏主要不满司马光的政治观点过于保守，引致不少弊端。

司马迁始撰本纪、年表、八书、世家、列传之目，史臣相续，谓之正史。本朝去古益远，书益烦杂。学者牵于属文，专尚《西汉书》，博览者乃及《史记》《东汉书》。而近代士颇知《唐书》。自三国至隋，下逮五代，懵然莫识。承平日久，人愈怠堕（惰）。庄子文简而义明，玄言虚诞而似理，功省易习，陋儒莫不尚之，史学寖微矣！

这段话可能是受到司马光的影响，刘恕也自称是"司马公门生"。之后，他引述了一段司马光的话，反映司马光早在嘉祐初年已有志撰写《通鉴》。司马光对刘恕说：

春秋之后，迄今千余年，《史记》至《五代史》，一千五百卷，诸生历年莫能竟其篇第，毕世不暇举其大略，厌烦趋易，行将泯绝。予欲托始于周威烈王命赵魏韩为诸侯，下讫（迄）五代，因丘明（《左传》）编年之体，仿荀悦（《汉纪》）简要之文，网罗众说，成一家书。

这是有关司马光准备编纂《通鉴》的一则珍贵

资料。他的创作动机也很单纯，是希望为读书人提供一部长短合宜的史籍。过了差不多十年，即宋英宗治平三年（一〇六六），司马光"以学士为英宗皇帝侍讲"，遂以他初步完成的《通志》充当历史教材，深受英宗的称赏。随即"诏光编次历代君臣事，仍谓光曰：卿自择馆阁英才共修之"。司马光引荐了刘恕，并称"专精史学……惟和川（刘恕曾为和川令）刘恕一人而已"。司马光又说："共修书凡数年，史事之纷错难治者则以诿之，光仰成而已。"①

事实上，司马光能够完成这项宏大的工程，当然非单凭个人的力量。英宗除了表示支持外，更提出让司马光"择馆阁英才共修之"，以继续进行有关的编纂工作。但司马光却婉拒了英宗，并选用自己认为合适的青年史家刘恕（字道原）、赵君锡做助手（按：因适值赵氏丧父，未能入馆，故改以精于汉史的太常博士、国子监直讲刘攽〔字贡父〕代替）。

到了熙宁四年（一〇七一），刘攽因出为泰州通判，司马光又荐用知资州龙水县的范祖禹（字纯甫）

---

① 引文出自司马光《资治通鉴外纪序》。按：司马光的言论一方面反映其谦逊的态度，另一方面也说明刘恕对《通鉴》贡献极大。

代之。据资料显示，刘攽其后仍继续参与《通鉴》长编的隋代以前部分。[1]

除刘恕外，两汉部分主要由刘攽负责，二刘亦共同负责魏晋至隋代的长编工作，而唐代则由于史料繁多，由范祖禹总其成。

由于范氏乃后来加入者，故司马光曾写信指导其工作，反映《通鉴》长编的编纂安排。司马光《答范梦得》书说：

> 附注（按：指丛目）俱毕，请从（唐）高祖起兵修长编，至哀帝禅位而止。其起兵以前、禅位以后事，于今来所看书中见者，亦请令书吏别用草纸录出，每一事中间空一行许，素纸[2]。隋以前者与贡父，梁以后者与道原，令各收入长编中。盖缘二君更不看此书，若足下止修武德（唐高祖年号，六一八—六二六）以后，天祐（唐哀帝年号，九〇四—九〇七）以前，则此等事尽成遗弃也。二君所看书中有唐事亦当纳足下处修入长编耳。

---

[1] 王盛恩：《宋代官方史学研究》（北京：人民出版社，二〇〇八年），页二七六一二七七。

[2] 原注：以备剪开黏缀故也。

此书函详细交代了丛目和长编的具体编纂办法，又寄去"贡父所作长编一册""道原广本两卷"供祖禹参考。

由此而言，此时三人的分工十分清晰。虽然三人各有职分，其中以刘恕出力最多，全祖望作《通鉴分修诸人考》有云："温公平日服膺道原，其通部义例，多从道原商榷；故分修虽止五代，而实系全局副手。"

其后，刘恕逝世，分工略有调整。司马光之子康（字公休）曾对晁说之言：

> 《资治通鉴》之成书，盖得人焉。史记、前后汉则刘贡甫（父），自三国历七朝而隋则刘道原，唐讫五代则范纯甫。此三公者，天下之豪英也。我公以纯诚粹识，不懈昼夜，不时饮食，而久乃成就之。庶几有益于天下国家之大治乱，不自辜所志也。[1]

（四）独任删削全书的大权

除了最早完成并送呈宋英宗的《通志》为司马

---

[1] 晁说之：《景迂生集》卷十七；转引自王盛恩《宋代官方史学研究》，页二七八。

光独力完成外，自楚汉相争以后的部分，也均由其独任删削工作。在与宋次道的信中他曾指出：

> 某自到洛（阳）以来，专以修《资治通鉴》为事，于今八年，仅了得晋、宋、齐、梁、陈、隋六代以来奏御。唐文字尤多，托范梦得（祖禹）将诸书依年月编次为草卷，每四丈截为一卷。自课三日删一卷，有事故妨废则追补。自前秋始删，到今已二百余卷，至大历末年耳。向后卷数又须倍此，共计不减六七百卷，更须三年，方可粗成编。又须细删，所存不过数十卷而已。[①]

诚如孔子作《春秋》，"子夏之徒不能撰一言"。司马光著《通鉴》也极相似，虽然长编由各助手负责，但最后的删订全由司马光一人负全责。刘羲仲（刘恕之子）《通鉴问疑》曾说：

> 先人在局，止类事迹，勒成长编，其是非

---

① 马端临：《文献通考》（北京：中华书局，一九八六年），卷一九三，页一六三四。

予夺之际，一出君实笔削。①

全书的初稿（长编），基本上由各协修人员负责，再由司马光总其成，包括"对于全书的体例、书法，以致史料的考订，文章的剪裁"等方面。此外，更以"臣光言"对重大事件加以评论，让其历史观贯串全书。（按：这是继承了《左传》的"君子曰"、《史记》的"太史公曰"的方式，凸显出作者难以替代的地位，亦即史迁所说的"成一家之言"。）这种做法，完全避免了前代官修史书"责任不明，互相推诿"的毛病。

除了受到宋英宗的支持外，《通鉴》的完成和流传也是宋神宗赐予的恩宠。神宗在"治平四年（一〇六七）十月初开经筵，（光）奉圣旨读《资治通鉴》。其月九日，臣光初进读，面赐御制序，令候书成日写入"。这就是著名的《资治通鉴序》。序文说：

朕惟君子多识前言往行以畜其德，故能刚

---

① 刘羲仲：《通鉴问疑》；转引自陈光崇《通鉴新论》（沈阳：辽宁教育出版社，一九九九年），页一五五。

健笃实，辉光日新。……《诗》《书》《春秋》，皆所以明乎得失之迹，存王道之正，垂鉴戒于后世者也。……英考（按：宋英宗）留神载籍，万机之下，未尝废卷。尝命龙图阁直学士司马光论次历代君臣事迹……起周威烈王，讫于五代……其所载明君、良臣，切摩治道，议论之精语，德刑之善制，天人相与之际，休咎庶证之原，威福盛衰之本，规模利害之效，良将之方略，循吏之条教，断之以邪正，要之于治忽，辞令渊厚之体，箴谏深切之义，良谓备焉。……博而得其要，简而周于事，是亦典刑之总会，册牍之渊林矣。荀卿有言："欲观圣人之迹，则于其粲然者矣，后王是也。"……《诗》云："商鉴不远，在夏后之世。"故赐其书名曰《资治通鉴》，以著朕之志焉耳。①

司马光视神宗赐序为个人极大的荣誉，遂上《谢赐资治通鉴序表》，自述其早年立志修史的志趣，并获得英宗皇帝的支持。他说：

---

① 按：序文据说是王珪的手笔。王珪，字禹玉，庆历二年（一〇四二）进士，曾任知制诰、参知政事等，外孙女为著名词人李清照。

臣性识驽钝，学问空浅，偶自幼龄，粗涉群史。尝欲芟去芜杂，发辉精隽，穷探治乱之迹，上助圣明之鉴。功大力薄，任重道悠，徒怀寸心，行将白首。伏遇先皇帝若稽古道，博采微言，俾摭旧闻，遂伸微志。尚方纸墨，分于奏御之余；内阁图书，从其假借之便。

未几，英宗殁，神宗继位。由于是奉诏编纂的作品，故司马光随即将经修订的《通志》八卷[①]送呈御览，再获神宗称赞，"命之进读，而又序其本原，冠于篇秩"，对此书高度赞赏。神宗序赞此书"博而得其要，简而周于事，典刑之总会，册牍之渊林"。司马光认为这种殊荣，即使"周之南、董，汉之迁、固，皆推高一时，播美千载。未有亲屈帝文，特纡宸翰，曲蒙奖饰，大振辉光。如臣朴樕小才，固非先贤之比；便蕃茂泽，独专后世之荣"。事实上，《通鉴》因获神宗亲自赐序，后来才能避过新党的攻击和免于毁版之灾。

---

① 按：根据神宗序文内容，此八卷大概即为今本《资治通鉴》的首八卷。

二、贯串百代的巨著

今天看来，这部书的读者并不仅仅是帝王，即使是一般的读书人也需要《通鉴》。正如司马光所说，《通鉴》这部贯串上下千百年的巨著，一方面力求删繁削简、上下连贯，以让人君在日理万机之余，也能够广泛阅读历史，并"以史为鉴"，丰富其治国经验；另一方面，他更期望借用历代史事，帮助帝王学习"致治之道"。其中，司马光多次指出，治国之道不外以下三者："曰任官；曰信赏；曰必罚"[1]。而德行为统治者所必须具备的素质，故提倡"人君之德三：曰仁；曰明；曰武"。通过不同的历史经验，以了解"治乱存亡安危之本源"。

由治平三年（一○六六）到元丰七年（一○八四）十二月，上起战国，下迄五代，共一千三百六十二年的巨著终于完成。在《进书表》中，司马光详细追述此部经历二十多年[2]的作品的

———————————

[1]　陈光崇：《通鉴新论》，页一九二。

[2]　一般以治平三年到元丰七年（一○六六——一○八四）为《资治通鉴》的编写时期，共十九年。其实，若计算《通志》八卷初稿的编写时间，本书写作历时二十多年，甚至可能在嘉祐（一○五六——一○六三）初年已开始，即前后合约三十年。《通志》乃司马光以一人之力去完成，故需时较久。

撰写经过和内容重点。他说：

> 伏念臣性识愚鲁，学术荒疏，凡百事为，皆出人下。独于前史，粗尝尽心，自幼至老，嗜之不厌。每患迁、固以来，文字繁多，自布衣之士，读之不遍，况于人主，日有万机，何暇周览！臣常不自揆，欲删削冗长，举撮机要，专取关国家盛衰，系生民休戚，善可为法，恶可为戒者，为编年一书。使先后有伦，精粗不杂，私家力薄，无由可成。伏遇英宗皇帝，资睿智之性，敷文明之治，思历览古事，用恢张大猷，爰诏下臣，俾之编集。臣夙昔所愿，一朝获伸，踊跃奉承，惟惧不称。……不幸书未进御，先帝违弃群臣。陛下绍膺大统，钦承先志，宠以冠序，锡（赐）之嘉名，每开经筵，常令进读。臣虽顽愚，荷两朝知待如此其厚，陨身丧元，未足报塞，苟智力所及，岂敢有遗！……以衰疾不任治剧，乞就冗官。……前后六任，仍听以书局自随，给之禄秩，不责职业。臣既无他事，得以研精极虑，穷竭所有，日力不足，继之以夜。遍阅旧史，

旁采小说，简牍盈积，浩如烟海，抉摘幽隐，校计毫厘。上起战国，下终五代，凡一千三百六十二年，修成二百九十四卷。又略举事目，年经国纬，以备检寻，为《目录》三十卷。又参考群书，评其同异，俾归一途，为《考异》三十卷。合三百五十四卷。……臣今骸骨癯瘁，目视昏近，齿牙无几，神识衰耗，目前所为，旋踵遗忘。臣之精力，尽于此书。伏望陛下……时赐省览，监前世之兴衰，考当今之得失，嘉善矜恶，取得舍非，足以懋稽古之盛德，跻无前之至治。俾四海群生，咸蒙其福，则臣虽委骨九泉，志愿永毕矣！谨奉表陈进以闻。臣光诚惶诚惧，顿首顿首。

他如实地说："臣之精力，尽于此书。"这部堪与《史记》匹敌的《资治通鉴》终于完成了，所谓"虽委骨九泉，志愿永毕矣"。古人著述，死生以之，观两司马在完成其巨著后，均曾发出相似的声音。《老子》所说"大器晚成，大音希声"，大概正是这个道理。

三、高超的叙事方法和"以史为鉴"的历史哲学

《通鉴》在流传过程中，在叙事方面受到极高的推崇。《左传》《史记》《汉纪》等史学名著善于叙事的优良传统，在司马光手中得到充分的发展，让《通鉴》在某种程度上突破了编年体史书的限制。事实上，《通鉴》虽然是编年体裁，但"并不是把史事作流水账式的记载；它往往用各种叙事的方法，把一件事的前因后果和背景材料，较为集中地予以叙述，从而使编年史的写作达到了一个新的高度"。学者曾把司马光的叙事方式归纳为四个方法：

提纲法：即"先提其纲而后原其详"，后来朱熹《通鉴纲目》发展了这个方法，创造了"大书为纲，分注为目"的纲目体。

追叙法：此法仿自《左传》，如《隐公元年》"郑伯克段于鄢"即以此法追述郑伯母子恶劣关系的前因为"寤生"。司马光在追叙本事时，多用"初""先是"等笔法，追溯它的由来，使事件的始末一览而知。

连类法：为整合不同时间发生但又相关联的史事，逐一分叙恐太烦琐，司马光会仿效《左

传》《汉纪》的连类叙事法，把同类的事和人连类有及，如关于建宁二年第二次党狱后，连叙郭泰的免祸，张俭的逃亡，以及袁闳、申屠蟠的遁世，而又旁及汝南袁氏的富盛，为后来袁绍、袁术起事张本。

带叙法：这是指人物而言。史书必载人物，但编年史多不载其邑里世系，学者颇费稽考。司马光于行文中，多带叙其邑里世系。例如，贞观十年提及"命太仆少卿萧锐运河南诸州粮入海"。萧锐在此为初见，也不知名。司马光顺带提及："锐，瑀之子也。"原来他是唐初重臣萧瑀的儿子，其家世和邑里便很清楚了。[1]

通过运用以上各种不同的叙事方法，"采纪传之长，补编年之短"，《通鉴》的叙事成为后世史家的楷模。

当然，由于叙事基本以时间先后为序，故一些前后牵连数十载的重大史事，如武帝征伐匈奴、东汉宦官与外戚冲突事件等，往往难以获得完整的印象。毋庸置疑，编年史也有一定的局限性，但与当时甚为流行的纪传体史书相比较，其优点仍是十分

---

[1]　陈光崇：《通鉴新论》，页一五二——一五三。

明显的。

国史大师钱穆先生曾在一通给严耕望的信中论及《通鉴》，对人们认识此书的价值很有帮助。钱先生说：

> 古人治学，本无文史哲之分。如读温公《通鉴》，于两书[①]外多增入小说笔记，不仅有关史事，其间有甚深蕴蓄、属于义理方面者。温公此书实已文史哲三者兼顾。专论文与史，班不必不如马；若论义理，则所差远甚。穆教人治理学，须从年谱、诗文集入手，再及其语录，则易于启发也。悔翁诗能化，中年后极少理学气味。阳明早年曾刻意吟咏，而中年以后反多理学气。两家高下，于斯可见。东莱《古史》，一见便是史；温公《通鉴》，史中兼融文哲。弟试从此两义参入，学问必可更上一层。[②]

钱先生是史学界巨匠，这封信写于一九七二年

---

① 按：指《新唐书》和《旧唐书》。

② 严耕望：《钱先生致作者书信手迹选刊》（六通之三），收于《钱穆宾四先生与我》（台北：台湾商务印书馆，二〇〇八年）。

二月二十日。其时严先生已是誉满天下的大师，年约五十七岁，两年前已当选"中央研究院"院士。师徒二人论学，甚可观。信中钱先生提及如何读《通鉴》使学问能"更上一层"，真让人感受到学无止境的真正意义，也是我们所说的"生命与学问"的结合。《通鉴》非一般史书，更不是一部资料书，看过这通书函，大家对《通鉴》的学术价值应更深思！

四、《资治通鉴》的现代意义

中华民族正迈向全球化的今天，帝制早已结束，我们是否仍需要《通鉴》呢？这样的一部经典，对我们今天是否仍具参考意义？这个课题，实在值得读者深思。必须肯定的，是人类社会异常复杂。一个民族的发展，也必然受到历史的制约。《通鉴》一书，以善于叙事为世所称许，它的内容包含了极为丰富的经验。无论从"多识前言往行"以作为日常行事的指南，或增加对本国民族的了解，《通鉴》的内容皆有高度的价值，值得现代读者关注。

《通鉴》上起战国，下迄五代，记载了一千三百六十二年的历史，合共二百九十四卷[①]。中国疆域辽阔、人口众多。在众多的历史事件中，它记了些什么？是否都需要我们有所把握？根据司马光对历史的独特眼光，《通鉴》选择史事基本上只关注以下四点：国家盛衰；生民休戚；善可为法；恶可为戒。符合这个标准的便记录，不符合这个标准的便舍弃。由此而言，这部书对今天中学或以上文化水平的读者仍然具有极大的价值。

专制时代既结束，人民便是国家的主人翁。以往限于统治阶层的历史知识，现在却成为一个合格公民的基本常识。我们既要当家做主，对本国的历史发展便需要有一定程度的了解。《通鉴》记载了"国家盛衰、生民休戚"的种种因由，对我们参与国家的建设发展、促进国家的繁荣安定、防止国家的衰败灭亡，都有借鉴意义。至于在行事上，那些"善可为法、恶可为戒"的言行，当然也有足资借镜和反省的地方。古书上说，"君子

[①] 另有《考异》三十卷，有单行本，而胡三省注本已将《考异》附入注中。两者合共三百二十四卷。司马光又有《目录》三十卷，单行。《通鉴》三百余万言，胡三省注亦近三百万言。

以多识前言往行，以畜其德"，《通鉴》正可以帮助我们多识前言往行，以蓄积学问，培养识见，开阔胸襟。

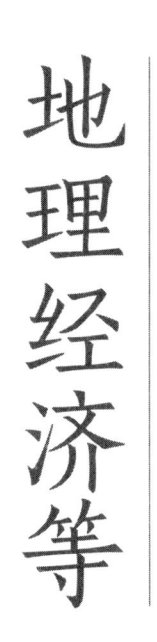

地理经济等

《山海经》导读

论《山海经》与中西神话的比较

黄正谦

香港大学哲学博士、
香港大学中文学院助理教授

一、《山海经》一书及其相关问题

《山海经》一书，分为《山经》及《海经》两部分。《山经》包括《南山经》《西山经》《北山经》《东山经》《中山经》五篇，亦称《五藏山经》。《山经》以外的十三篇，则统称为《海经》。《海外南经》至《海外东经》四篇，称为《海外四经》；《海内南经》至《海内东经》合称《海内四经》；《大荒东经》至《大荒北经》合称《大荒四经》；而最后一篇是《海内经》。

《山海经》是一部奇书。其中一"奇"，是关于此书的问题，既多且杂，难有定论，例如作者、书名、成书年代、成书地域、篇目及其牵涉之地域范围，所记载之山川、神人、动植物等等。因材料本身内容驳杂，容有多种诠释，学者之间，众说纷纭，各有所见。对上述问题的考证，大部分都持之有故，言之成理，却未必有决定性的证据，足以排除他说。

《山海经》的卷目结构

山海经	山经 / 五藏山经	南山经
		西山经
		北山经
		东山经
		中山经
	海经	海外四经
		海外南经
		海外西经
		海外北经
		海外东经
		海内四经
		海内南经
		海内西经
		海内北经
		海内东经
		大荒四经
		大荒东经
		大荒南经
		大荒西经
		大荒北经
		海内经

（一）《山海经》的成书背景

《山海经》并非出于一人之手，亦非出于一时一地。《山经》与《海经》属于不同的系统：《山经》行文有一套独特的格式，井然有序，文气一贯；《海经》则多为散见之段落，叙事有首无尾，当是不同材料之杂凑，且错简不少，故有重复及矛盾之处。一般而论，《山经》是以洛邑为中心描述山川地理及动植物的书，而《海经》所牵涉的地域在《山经》之外围（并非没有例外）。不过，《海经》中《海外四经》

《海内四经》《大荒四经》及《海内经》所描述的，并不是一个简单的、渐次向外的同心圆体系，四者成篇的年代其实并不相同，内容互有重复。东晋郭璞《山海经传》的目录说《大荒四经》及《海内经》本皆"进在外"（一作"逸在外"），指古本此五篇原皆在外，与经别行，为西汉刘秀（即刘歆）校经时所补入（清代郝懿行《山海经笺疏叙》）。有学者视《海内四经》及《海外四经》为"异域方国"，而《大荒四经》则属于"神域"。[①]但《海外四经》与《大荒四经》之所载，重复之处既多，则不宜视此二者所涵盖的地域为全不相干（如《海外北经》与《大荒北经》同载烛阴〔烛龙〕、禹杀共工之臣相柳〔相繇〕、夸父逐日、帝颛顼与九嫔俱葬、一目国〔一目民〕、深目国〔深目民〕等）。[②]《海经》是因图而作文，先有图画，后有文字，此可见于《海经》原文及郭璞的注释，陶渊明诗亦有"泛览周王传，流观山海图"之句。惜此图已然散佚。[③] 日本学者松田

---

① 邱宜文：《〈山海经〉的神话思维》（台北：文津出版社，二〇一〇年），页三六。

② 据郭世谦统计，《大荒四经》重见于《海外四经》的，有五十一节。参郭世谦《山海经考释》（天津：天津古籍出版社，二〇一一年），页五九。

③ 袁珂：《山海经校注》（成都：巴蜀书社，一九九三年），页二二六。

稔在《山海经比较的研究》中指出，《海外经》与《大荒经》皆含有图画的叙述（即因图而作文），《海外经》将一幅巨大的地图顺次序地"文章化"，而《大荒经》所根据之图画，很可能是一幅一幅单独的神人或动物等等的绘图。[①]

《五藏山经》的材料大概可远溯于夏代，但《山海经》之成书，则在战国晚期至西汉之间。《隋书·经籍志》曾说"汉初，萧何得秦图书，故知天下要害。后又得《山海经》，相传以为夏禹所记"。元代吾丘衍《闲居录》指出："《山海经》非禹书，其间言鲧入羽渊及夏后启等事，且又多祭祀鬼神之说，中间凡有'政'字，皆避去，则知秦时方士无疑。"法国汉学家马伯乐（Henri Maspero）《古代中国》（*La Chine antique*）认为，《五藏山经》的作者必定是洛邑人，活跃于约公元前四世纪末。[②] 沈海

---

① "两者共に絵画的叙述を含むが、海外経が大きな絵地図の内容を順に文章化したものと見られるのに対して、大荒経の基づいた絵画は単独の一つ一つの神格や動物などの絵であった可能性が高い。"参松田稔《〈山海经〉の比较的研究》（东京：笠间书院，二〇〇六年），页一九二—一九三。

② "L'auteur était certainement un homme de Lo-yi, l'importance de la description des environs de cette ville, et de ce qui constituait le domaine propre des rois des Tcheou, le prouve, et il vivait, à ce qu'il semble, vers la fin du IVe siècle." See Henri Maspero, *La Chine antique*, (Paris: Imprimerie Nationale, 1995), p. 507.

波指出,《山经》成书于战国晚期,因《山经》记载
出铁之山很多,而《吕氏春秋》引《山经》之文不
少,故下限当在战国末年。至若《海经》,学术界普
遍认为亦在战国,唯《海内四经》多秦汉地名,当
为后人所羼。[1]其他异说尚多,不能具引。写定《山
海经》者,大多数学者认为是楚人。据蒙文通考证,
《山海经》可能是巴蜀地域所流传、代表巴蜀文化的
典籍。[2]肖兵则推测,此书很可能是东方早期方士根
据云集于燕齐的各国人士所提供的见闻及原始记载
编纂整理而成的。[3]

(二)《山海经》的性质

关于《山海经》一书的性质,自来有不同的说
法。《汉书·艺文志》归之于《数术略·形法》类,与
《国朝》《宫宅地形》《相人》《相宝剑刀》《相六畜》
诸书同科,但却为后世学者所批评。清代章学诚《校

---

① 沈海波:《〈山海经〉考》(上海:文汇出版社,二〇〇四年),
页六五—六八、八五—八六。

② 蒙文通:《略论〈山海经〉的写作时代及其产生地域》,《巴
蜀古史论述》(成都:四川人民出版社,一九八一年),页一四六—
一八四。

③ 肖兵:《〈山海经〉:四方民俗文化的交汇——兼论〈山海经〉
由东方早期方士整理而成》,《〈山海经〉新探》(成都:四川省社会科
学院出版社,一九八六年),页一三三。

雠通义》卷二说:"《山海经》与相人书为类,《汉志》之授人口实处也。"西汉以后,《山海经》长期被视为地理书。例如东汉明帝永平十二年,王景治水,明帝赐景《山海经》《河渠书》《禹贡图》及钱帛衣物。(见《后汉书·循吏列传》)《隋书·经籍志》冠《山海经》为地理书之首,其次则为《水经》。至明代胡应麟《少室山房笔丛》卷三十《四部正讹》始提出质疑,认为《山海经》是"古今语怪之祖","其文体特类《穆天子传》,故余断以为战国好奇之士,取《穆王传》,杂录《庄》《列》《离骚》《周书》《晋乘》以成者"。谓此书为地理书,着眼点当在《山经》;谓此书为语怪之书,则《山经》《海经》兼而有之。五四时代,鲁迅《中国小说史略》提出著名观点,即《山海经》(尤指《五藏山经》)"所载祠神之物多用糈(精米),与巫术合,盖古之巫书也"[1]。

《山海经》虽多涉神怪,但其内容不可能完全为向壁虚构,尤其是《五藏山经》部分,而《山海经》本身亦不是纯粹的神话著作。有人说此书是古代的百科全书,虽略嫌夸张,但书中可考的山川江河、动植

——————————

[1] 鲁迅:《中国小说史略》,收入《鲁迅全集》(香港:香港文学研究社,一九七三年),第八卷,页一三。

物、矿物、药材等等，不在少数，现代不少学者即致力考证《山海经》的科技史料。法国学者马蒂厄（Rémi Mathieu）则视《山海经》为尚未定型的《百科全书》。马氏指出，此书的作者并非有意撰写这种类别的著作，但书中所写的，正正反映了那个时代的必要知识。[1]《山海经》所载诸怪物，虽多数为幻想虚构的，但据今人考定，亦有相当的现实根据。徐显之《山海经探原》认为《山海经》是一部最古的方志。其中《山经》部分是以山为经的方物志，《海经》是以氏族为经的社会志，而《海内经》则具有制作发明的科技志性质。[2] 无论如何，言《山海经》所载皆为信史，或言其所载皆荒诞不经，都失之偏颇。

（三）《山海经》的命名

《山海经》一名最早见于《史记·大宛列传》：

---

[1] "Pour ma part, je le considère comme une sorte d'encyclopédie avant la lettre. Non que la volonté de ses auteurs ait été d'en faire un ouvrage de cette espèce, mais parce que ce que l'onyécrit est le reflet de l'essentiel du savoir d'une époque." See Rémi Mathieu, *Étude sur la mythologie et l'ethnologie de la Chine ancienne*, traduction annotée du Shanhai jing, (Paris: Collège de France, Institut des Hautes Études Chinoises, 1983), Tome 1, p. C.

[2] 徐显之:《山海经探原》(武汉：武汉出版社，一九九一年)，页一五。

太史公曰："《禹本纪》言：'河出昆仑。昆仑其高二千五百余里，日月所相避隐为光明也。其上有醴泉、瑶池。'今自张骞使大夏之后也，穷河源，恶睹《本纪》所谓昆仑者乎？故言九州山川，《尚书》近之矣。至《禹本纪》《山海经》所有怪物，余不敢言之也。"

东汉王充《论衡·谈天》及班固《汉书·张骞李广利传》引《史记》此文只称《山经》，遂引起学者的猜测与考辨。有人认为《山经》即《山海经》，略写而已；有人认为《山经》指今《山海经》的《五藏山经》，不包括《海经》在内。何幼琦《〈海经〉新探》提出，《海经》当即《禹本纪》，因《史记》所引《禹本纪》文字，内容大抵与《海内西经》相合。刘向父子将《山经》及《禹本纪》合编为一，改题为《山海经》。这是《山海经》书名首见于《汉书·艺文志》，而《艺文志》不复著录《山经》及《禹本纪》的原因。[①] 按太史公所引《禹本纪》文字，并不见于今本《海经》。《史记·五帝本纪》正义说："本者，系其本系，故曰本；纪者，理也，统理众事，系之年

---

① 何幼琦：《〈海经〉新探》，《〈山海经〉新探》（成都：四川省社会科学院出版社、一九八六年），页七三。

月，名之曰纪。"《史记·太史公自序》索隐引应劭说："有本则纪，有家则代，有年则表，有名则传。"《史记》以前的"本纪"，其体例固然无法详考，若《史记》因袭前人体例而成"本纪"，则《禹本纪》当是以禹为中心的记述。即非如此，亦当与禹有相当大的关系。今读《海经》文字，为异域方国及神话材料之杂凑，很难说是专言"禹"的记述吧？且上文已说，《海外四经》多缘图画而作，与《逸周书·王会篇》《淮南子·墬形训》等多有关联，与《禹本纪》关系不大。《西次三经》说"昆仑之丘"，亦有"河水出焉"一语，即《五臧山经》亦有太史公所谓"河出昆仑"之义，但太史公将《山海经》与《禹本纪》并列，此处当然不可能指《五臧山经》。

《山海经》的"经"字当作何解，有不同说法。《五臧山经》末段说："禹曰：'天下名山，经五千三百七十山，六万四千五十六里，居地也。'"郝懿行笺疏云："经，言禹所经过也。"袁珂《山海经校注》据此力证《山海经》之"经"字，当训为"经历"之"经"，并提出四个内证。[1]张春生《山海经研究》以为袁珂之说"可称卓识"，并进一步指出，天下名山既为禹所经，其里数又为禹所步，则"经"除

① 袁珂：《山海经校注》，页二二二—二二五。

了"经过""经历"外，当含"推步"之意。[1]但陈成在《山海经译注》的前言中，则提出严正反驳。[2]

"经"之为"书"或"书名"，于战国时代并不一见，不必是儒家的六经，未必能划入后世的"经部"。《墨子》固然有《经》及《经说》，《庄子·天下》说"南方之墨者苦获、已齿、邓陵子之属，俱诵《墨经》"，《荀子·解蔽》说"故《道经》曰：'人心之危，道心之微'"，《孝经》亦当成书于《吕氏春秋》之前，为汉初学者所征引。由此可知，成书于战国晚期至西汉之间的《山海经》称"经"，并非异事。诚如陈成所说，《山海经》的"经"若训为"经历"，则"山海经"三字于文法上扞格难通，古今未见其例。[3]其实，即使只是"山经"二字，亦同样如此。第二，刘秀是否增《南山经》《海内南经》等标题，改"南次二山"为"南次二经"、改"西次二山"为"西次二经"等等，我们无法明确考定。袁珂引《山经》"右西经之山，凡若干山，若干里"，"右东经之山，凡若干山，若干里"之文，认为所

① 张春生：《山海经研究》（上海：上海社会科学院出版社，二〇〇七年），页三。

② 陈成：《山海经译注》（上海：上海古籍出版社，二〇一二年），页七一一〇。

③ 陈成：《山海经译注》，页九。

谓"西经""东经",决当是"经历"之义。[①]此一说很有道理。然而,虽《山海经》中不少文句的"经"字,可训为"经历",但不等于《山海经》(或《山经》)一书书名的"经"字,可同样训为"经历"。《山海经》一名,亦不可能源于"天下名山,经五千三百七十山"这一整体观念。且如《海外四经》之所载,是因图画而作文,内容可与《逸周书·王会篇》及《淮南子·墬形训》互相印证,则无由有"经历"之义。意大利学者弗拉卡索(Riccardo Fracasso)认为,袁珂所提出之新义,明显地将引起一定的困惑,但肯定不能说言之无据。而"经历""路线",似乎是"某次某经"(例如"南次二经""西次三经"等)此一公式中"经"字唯一可行的翻译。[②]其实,正如上文所引,袁珂以为"某次某经"的公式,为刘秀所改,原当作"某次某山"。另一方面,郭世谦

① 袁珂:《山海经校注》,页二二三。

② "Ciascuno dei 18 'libri' dell'opera riporta peculiarmente nel titolo (come fa anche lo SYJ) il carattere jing ('classico'; 'canone'), a cui YZ 181-2 propone di attribuire il significato alternativo di 'percorso' o 'itinerario'. La proposta può chiaramente suscitare una certa perplessità, ma non si può certo dire che manchi di fondamento; … 'Itinerario' sembra essere l'unica traduzione possibile per la formula 'mouci moujing 某次某经', che introduce 21 delle sottosezioni del WZSJ." Fracasso, *Libro dei monti e dei mari (Shanhai jing): cosmografia e mitologia nella Cina Antica* (Venezia: Marsilio, 1996), "Introduzione," p. XIII.

认为，《山海经》之书名及篇名皆以"经"名之，而"经""径"古通，故《南山经》即南方之山径。[1] 若"经"当训为"径"，则"南次二经""海外南经"等说法，似乎便很难说通了。

（四）《山海经》的研究及流播

《山海经》一书，于十九世纪已开始为西方汉学家所注意。正如弗拉卡索所说，西方对《山海经》的认识，很大程度上当归功于"法国学派"。[2] 杜波依（Nicolas-Auguste Dubois）于其《新神话学完全手册》（*Nouveau manuel complet de mythologie*）中，有五页论及中国神话，当中不少实与佛教有关，一条提及"黄帝"，认为他是中国神话史中伏羲的第二位继承者，为中原帝国的创始人。[3] 汉学家巴赞（Antoine Pierre Louis Bazin）《〈山海经〉概述》（*Notice du Chan-haï-king*）一文认为，在公元前四世纪，一群道士作家想博取头脑

---

[1] 郭世谦:《山海经考释》，页七七。

[2] "La conoscenza dello SHJ in Occidente deve moltissimo alla scuola francese." Fracasso, *Libro dei monti e dei mari (Shanhai jing)：cosmografia e mitologia nella Cina Antica*，"Premessa," p. 3.

[3] Dubois, *Nouveau manuel complet de mythologie* (Paris: A la Librairie Encyclopédique de Roret, 1836)，pp. 280-284, esp. p. 280.

单纯之人的"轻信"，便借大禹及伯益的大名，传播神话，发表了一部宇宙志。[①] 著名东方学家波蒂埃（Guillaume Pauthier）称中国人将河源置于著名之昆仑山的湖，昆仑山是中国神话的奥林匹斯山。[②]《西山经》于一八七五年由法国东方学家布尔努夫（Émile-Louis Burnouf）翻译成法文，是《山海经》最早被译成外文的部分。此译本的注释大量翻译郭璞的《山海经传》（Comm. de Koh）及清代吴任臣的《山海经广注》（Comment. de Jin-Tchin）。布尔努夫指出，此文很可能是世界现存最古老的地理论著。对《山海经》本文做更深入的研究，证实此为"地理学圣书"无疑。在神话故事之中必藏有远古的产物，并且包含明确的科技消息。学术界可利用之，以认识中华帝国的古老时代。[③] 德

---

①　Bazin, "Notice du *Chan-haï-king*, cosmographie fabuleuse attribuée au grand Yu," *Journal Asiatique* (Nov., 1839), pp. 338-339.

②　"Les Chinois placent sa source dans un lac situé sur le célébre mont Kouen-lun, l'Olympe de la mythologie chinoise." Pauthier, *Chine ou Description historique, géographique et littéraire de ce vaste empire* (Paris: Firmin Didot Frères, 1838), Première Partie, p. 12.

③　"... un traité de Géographie qui est, très-probablement, le plus ancien qui existe au monde ... Un examen plus approfondi du texte original du Chan-haï-king démontra, sans doute, que ce《Livre sacré de la Géographie》..." Burnouf, *Le Chan-Haï-King. Livre des Montagnes et des Mers. Livre II: Montagnes de l'Ouest* (Paris: Imprimerie de Madame Veuve Buchard-Huzard, 1875), p. 138.

罗斯尼（Léon de Rosny）于一八九一年出版的《山海经：中国古代地理》（*Chan-hai-king: antique géographie chinoise*）是西方第一部《山经》的全译本。除郭璞及吴任臣外，此书亦参考了郝懿行（I-hing）的注释。德罗斯尼认为，如此重要的一部著作，汉学家竟然遗忘了，没有翻译其全文，无疑是因为书中充满虚构及神怪的记述，但若以此为标准，则几乎所有希腊及拉丁的经典著作，亦当搁置一旁了。[①] 一八九二年，俄国学者格奥基耶夫斯基（Sergei Georgievskii）撰有《神话观与中国神话》（*Мифическія воззрѣнія и мифы китайцевъ*）一书，是第一部讨论中国神话的专著，并不以《山海经》为专门研究对象。他在序言中指出，中华民族将"闪电"比喻为"鞭子"，将 Milky Way 比喻为"河"。因对大自然现象缺乏理解，人类以为万事万物皆有"灵性"。作者认为，这种"灵性"不当理解为泛神论，或整个自然世界都充满了"精神"，而是自然界的每一件事物，都视作分别被"灵性化"，各自拥有

[①] "Cet oubli peu explicable vient sans doute des nombreux récits fabuleux et fantastiques qui fourmillent dans l'ouvrage que nous publions aujourd'hui." See Léon de Rosny, *Chan-hai-king: antique géographie chinoise* (Paris: J. Maisonneuve, 1891), pp. 2-3.

自己的心灵和精神，如同独立的、有生命的东西一般。①

　　值得留意的是十八世纪法国东方学家德金（Joseph de Guignes）于一七六一年在《中国人在美洲附近的航行及亚洲极东地区的一些民族之研究》一文中，根据《南史》卷七九所记"扶桑国者，齐永元元年，其国有沙门慧深来至荆州，说云扶桑在大汉国东二万余里"等文字，断定扶桑国当在美洲，中国人于公元四五八年即得知美洲了。② 德国东方学家克拉普罗特（Heinrich Julius von Klaproth）于一八三一年撰文反驳，首先批评此文的题目不准确，德金眼前所见的中文原材料，并没有涉及中

---

　　① "Эта одухотворенность должна быть понимаема не въ смыслѣ пантеизма или проникновенія всей природы міровымъ духомъ, а въ томъ смыслѣ, что каждый предметъ природы считается отдѣльно одухотвореннымъ, обладающимъ своею собственною душою и духомъ, какъ самостоятельнымъ существамъ." See Сергѣй Георгіевскій, *Мифическія воззрѣнія и мифы китайцевъ* (С.-ПЕТЕРБУРГЪ: Типографія И. Н. СКОРОХОДОВА, 1892), с. v-vi.

　　② "... j'ai conclu de-là qu'ils avoient connu l'Amérique l'an 458 de J. C." Joseph de Guignes, "Recherches sur les navigations des chinois du côté de l'Amérique, et sur quelques peuples situés à l'extrémité orientale de l'Asie," in *Mémoires de littérature, tirés des registres de l'Académie Royale des Inscriptions et Belles-Lettres*, tome 28 (Paris: De L'imprimerie Royale, 1761), p. 520.

国驶往扶桑之航海事业。[1] 又说扶桑国有葡萄树及马，已足证此国并非在美洲的某一处，此二物皆哥伦布于一四九二年发现美洲之后由西班牙人带过去的。[2] 韦宁（Edward Payson Vining）在一八八五年出版了一部更全面的考证著作，题作《湮没无闻的哥伦布：慧深及一群僧侣于公元五世纪从阿富汗发现美洲的证据》（*An Inglorious Columbus, or, Evidence that Hwui Shan and a Party of Buddhist Monks from Afghanistan discovered America in the Fifth Century, A.D.*）。其实，德金的文章，重要证据在《南史》所言的"扶桑"，而非《山海经》的"扶桑"，但后世学者则试图结合《山海经》，考证中国先民早已远徙美洲，例如默茨（Henriette Mertz）在一九五三年出版的《褪色的墨水：中国人美洲探险的两份古代纪录》（*Pale Ink: Two Ancient Records of Chinese Exploration in America*）。其他学者如卫聚贤、胡远鹏等，皆赞成此说。此种说法，当然不能说是无根之谈，但始终欠缺坚实而周密的证据。先不论当时

---

[1] Klaproth, *Recherches sur le pays de Fou Sang mentionné dans les livres chinois et pris mal à propos pour une partie de l'Amérique* (S.l.: s. n., 1831?), p. 1-2.

[2] Klaproth, *Recherches sur le pays de Fou Sang mentionné dans les livres chinois et pris mal à propos pour une partie de l'Amérique*，p. 8.

的航海技术，中国古代先民远徙美洲，将美洲的山川地理及动植物等资料记录下来，而此等记录又辗转在中国流传，本身已经难以置信。何况如此惊人的旅行及发现，于先秦乃至两汉，只有《山海经》一书记载，其他典籍未置一言，岂非怪事？

二、《山海经》及中西神话比较

近百年以来，受欧美及日本影响，中国神话学的研究风行，硕果累累，学者奉《山海经》为中国神话之祖。西方的人类学家、宗教学家及神话学者如弗雷泽（James George Frazer）、马凌诺斯基（Bronisław Kasper Malinowski）、缪勒（Friedrich Max Müller）、卡西勒（Ernst Cassirer）、坎贝尔（Joseph John Campbell）、克拉克洪（Clyde Kluckhohn）、伊利亚德（Mircea Eliade）、柯克（Geoffrey Stephen Kirk）等等，对神话学有不同的诠释，建构不同的理论，在西方学术界影响很大。"神话"一词，二十世纪初由日本传入中国。当代的日本神话学者包括伊藤清司、御手洗胜、铁井庆纪、松田稔、小南一郎等等。台湾著名神话学专家王孝廉，即为御手洗胜的学生。

西方很早便发展出"神话学"。荷马（Homer）的《伊利亚特》（*Iliad*）、赫西俄德（Hesiod）的《神谱》（*Theogony*）、伪阿波罗多洛斯（Pseudo-Apollodorus）的《书库》（*The Library*）等，固然是希腊神话的渊薮，而古希腊的学术界，早已对"神话问题"开展热烈的讨论，包括历史学家希罗多德（Herodotus）、诡辩家普罗迪科斯（Prodicus）、哲学家柏拉图（Plato）、"神话理性化"理论家帕莱法托斯（Palaephatus）等，至文艺复兴更有《异教徒诸神系谱》（*Genealogia deorum gentilium*）及《神话学的神学》（*Theologia mythologica*）等经典著作。中国古代当然有神话，但始终没有发展出一套神话学，古人只讨论"神怪不神怪""荒诞不荒诞"的问题。当代学者称《山海经》为"神话之渊府"（袁珂）、"神话的故乡"（李丰楙），唯《山海经》一书在神话方面的影响，在古代的中国是微不足道的。中国人对神话的反思，始于五四时代。

有一点必须留意。西方古希腊的神话文献，早于公元前八世纪便已写定，中国神话文献的出现，大约始于春秋末年至战国时代，相隔二百年以上。这一点，如下文所说，可能是周代的人文精神及史官传统，令十口相传的神话故事不能在早期以文字

形式保存下来。商人尚鬼，但今天所看到的甲骨文，仍然缺乏商代或商代以前的神话故事。除非有新出土的文物证据，否则现在我们只能承认，中国神话的文字记载，确实远较西方为迟。

（一）神话学与儒家思想

中国神话不比西方发达，或中国古代神话故事没有系统地保存下来，近现代神话学者一般归咎于儒家思想。鲁迅《中国小说史略》指出：

> 孔子出，以修身齐家治国平天下等实用为教，不欲言鬼神，太古荒唐之说，俱为儒者所不道，故其后不特无所光大，而又有散亡。[1]

袁珂《中国古代神话》则说：

> 世界上的几个文明古国：中国、印度、希腊、埃及，古代都有着丰富的神话，希腊和印度的神话更相当完整地被保存下来；只有中国的神话，原先虽然不能说不丰富，可惜中间经

---

[1] 鲁迅：《中国小说史略》，收入《鲁迅全集》，第八卷，页一六。

过散失，只剩下一些零星的片段，东一处西一
处地分散在古人的著作里，毫无系统条理，不
能和希腊各民族的神话媲美，是非常抱憾的。①

袁珂指出，神话转化为历史，大都出于"有心
人"的施为，"儒家之流要算是做这种工作的主力
军"，"深一点的发掘，就可以知道这原来是符合统
治阶级的利益的"。②最著名的例子，当推"夔一足"
及"黄帝四面"的故事。

《大荒东经》说"东海中有流波山，入海七千
里，其上有兽，状如牛，苍身而无角，一足，出入
水则必风雨，其光如日月，其声如雷，其名曰夔。
黄帝得之，以其皮为鼓，橛以雷兽之骨，声闻五百
里，以威天下"，而《韩非子·外储说左下》载孔
子说，"夔非一足也，一而足也（一个便足够了）"。
《礼记·仲尼燕居》载孔子曰："达于礼而不达于乐，
谓之素；达于乐而不达于礼，谓之偏。夫夔，达于
乐而不达于礼，是以传于此名也，古之人也。"南
宋罗愿《尔雅翼》卷十八说："夔自以达乐而不达于

---

① 袁珂:《中国古代神话》(上海:商务印书馆，一九五七年)，页
一六—一七。

② 袁珂:《中国古代神话》，页一七—一八。

礼，若夔兽一足然，盖有所不备，是故以为名，谦之至也。"又《太平御览》卷七九引《尸子》说："子贡云：'古者黄帝四面，信乎？'孔子曰：'黄帝取合己者四人，使治四方，不计而耦，不约而成，此之谓四面。'"似乎都将神话"历史化"或"合理化"了。

事实上，"黄帝四面"一语本身容有多重诠释，《尸子》、《吕氏春秋·本味》（"故黄帝立〔位〕四面"）及《淮南子·天文训》（"其帝黄帝，其佐后土，执绳而制四方"）之所述，都未必一定是神话。有学者结合出土文献马王堆帛书《老子》乙本卷前古佚书《十六经》（《十六经·立命》说："昔者黄宗质始好信，作自为象〔像〕，方四面，傅一心。四达自中，前参后参，左参右参，践立〔位〕履参，是以能为天下宗。吾受命于天，定立〔位〕于地，成名于人。"）及历史文献之所载，对"黄帝四面"试作一历史的诠释。[①]

儒家思想立足于人文界，对思想史的发展有重大的意义。我们固然可以断定，儒家重理性重实际

---

① 郑先兴：《"黄帝四面"神话的历史学阐释》，《河南师范大学学报（哲学社会科学版）》，第三十五卷第二期，二〇〇八年三月，页一三七——三九。

的倾向，使中国神话学的发展不及西方，但我们却不能因此而责难历史上的儒家。古代的儒家学者，并没有保存神话的意识，没有保存神话的责任，更没有当代"神话研究"的反思。若出于世界各大文明皆有但中国独无的心态而感到非常可惜，是可以理解的，但批评儒家故意消灭神话，则似乎是不能以历史论历史了。

谢选骏《神话与民族精神》认为，中国神话的"历史化"较西方更深一层：化天神为人王，化神话为历史。这"历史神话体系"，首先被春秋战国时代的《尧典》记录在案。《尧典》中受信用的乐官"夔龙"，由雷兽而成为乐师，而十日之母"羲和"，则成为历法的主管。是以谢选骏认定，《尧典》的出现，宣告"神话历史化"运动的完成。[①] 法国汉学家马伯乐早于一九二四年在《亚洲学刊》发表《书经中的神话传说》一文，以"羲""和"传说、洪水传说及重黎"绝地天通"之例，追溯《尚书》中"神话历史化"的部分。[②] 徐复观将《书》与《周书》《穆

---

① 谢选骏：《神话与民族精神》（济南：山东文艺出版社，一九八六年），页一九七——一九九。

② Henri Maspero, "Légendes mythologiques dans le *Chou King*," *Journal Asiatique* 204 (1924), pp. 1-100.

天子传》相比较，发现《书》之神话最少。[1]然《尚书》中部分故事起源于神话，例如"绝地天通"，当然是没有疑问的。

谢选骏指出，孔子否定超自然信仰（如神话、宗教、梦占、预兆等）的"理性态度"并不彻底。例如《论语》载孔子说"凤鸟不至，河不出图，吾已矣夫"（《子罕》），又说"丘之祷久矣"（《述而》），"获罪于天，无所祷也"（《八佾》）。《左传·哀公十四年》载："西狩于大野，叔孙氏之车子鉏商获麟，以为不祥，以赐虞人。仲尼观之，曰：'麟也。'"故谢氏认为，孔子是一个彷徨于社会大分化、民族大融合时代的矛盾人物，在许多方面，他不像后人想象的那样理性。[2]潜明兹《中国神话学》同意谢选骏的观点，认为孔子在神话问题上的态度确有矛盾。[3]按孔子之"理性"，是相对而言的。他根本不是唯物主义者，亦从未否定鬼神或天命之存在，更不可能从今天的科学尺度，论鬼神有无之问题。因此孔子亦说"天生德于予"，"天之未丧斯文也，匡

---

[1] 徐复观：《中国经学史的基础》（台北：学生书局，一九八一年），页四九。

[2] 谢选骏：《神话与民族精神》，页三四四—三四六。

[3] 潜明兹：《中国神话学》（银川：宁夏人民出版社，一九九四年），页一五。

人其如予何？""死生有命，富贵在天"等等。孔子只以鬼神之说于实无征，多说无用，是以不愿多谈。这当然是他个人对超自然论说所采取的态度，当中无所谓"彷徨"与"矛盾"。学者以为孔子完全否定鬼神等无由证验之说，其理性态度一以贯之，实属误解。事实上，春秋战国为人文精神兴起的大时代，不独儒家为然。除墨子外，诸子百家都不强调鬼神之为实有。《经典释文·叙录》称《庄子》"言多诡诞，或似《山海经》，或类《占梦书》"，唯《庄子·寓言》说"寓言十九，重言十七，卮言日出，和以天倪"，庄子处混浊之世，喜以谬悠之说、荒唐之言，以为论辩之资，故《庄子》亦保留了不少神话故事。但庄子本身是一个智能型的思想家，则是毫无疑问的。正如谢选骏所认为的，"神话历史化"的发生，在殷末周初，至春秋战国形成高潮。[①]这一点可以取信。果然如此，则大量神话之散亡，亦未能以孔子为罪魁祸首。中国文化本身的早熟，巫史分家甚早，具有强烈的历史保存意识，历史学在古代已经相当发达。先秦时代已出现大量史著，孔子

① 谢选骏：《空寂的神殿》（成都：四川人民出版社，一九八七年），页一五八。

作《春秋》固不必说，至西汉而出现一部震古烁今的《史记》，此与古希腊所走的方向完全不同。相对而言，希腊人并不太重视历史学[1]，亚里士多德《论诗》(*Poetics*，通译《诗学》) 第九章曾说，"诗" 较 "历史" 更为哲学、更为重要，因为 "诗" 所说的是普遍的，而历史所说的是个别的。[2] 中国历史学的发达，亦是神话学不发达、没有长篇史诗的重要原因。[3] 论者谓《诗经》中的《大雅》(例如《文王》《大明》《绵》《思齐》《皇矣》《文王有声》《生民》《公刘》)、《商颂》(例如《烈祖》《玄鸟》)，或是某些汉赋 (例如《蜀都赋》《西都赋》《东都赋》《西京赋》《东京赋》)，都可算是史诗，但严格而论，与西方及印度的史诗相较，则始终不同。中国抒情的作品在 "诗"，记事的作品在 "史"，较少以 "诗" 的

---

[1]　"The Greek failure to grant supremacy to history may also be discerned in some of the results of theoretical inquiry." Carlo Brillante, "History and the Historical Interpretation of Myth," in Lowell Edmunds, ed., *Approaches to Greek Myth* (Baltimore: Johns Hopkins University Press, 1990), p. 104.

[2]　"...διὸ καὶ φιλοσοφώτερον καὶ σπουδαιότερον ποίησις ἱστορίας ἐστίν ἡ μεν γὰρ ποίησις μᾶλλον τὰ καθόλου, ἡ δ' ἱστορία τὰ καθ' ἑκαστον λέγει." (Περὶ ποιητικῆς) *Aristotelis Opera Omnia*, Græce et Latine (Parisiis: Editore Ambrosio Firmin Didot, 1848), vol. 1, p. 464.

[3]　杨牧辑:《佛观先生书札》，收入徐复观《儒家政治思想与民主自由人权》(台北: 学生书局，一九八八年)，页三六五—三六八。

形式来叙述整段历史，更不必说当中竟然有浪漫的神话成分。要注意的是，中西方如此的差异，似乎没有什么优劣可言。

（二）神话"历史化"与历史"神话化"

谢选骏《神话与民族精神》指出，"在中国古代，对神话的'历史化'处理不仅仅是一种'解释'，而且深刻渗入神话本身的结构之中：神话被当作古史处理掉，神话本身被化为古史传说。这种现象为各国神话所罕见"[1]。五四以还，以顾颉刚为首的古史辨学派，力倡上古史为后世所编造，与神话学者的观点虽不尽相同，但亦有相通之处。赵沛霖《先秦神话思想史论》指出，"我国神话思想史上任何一种思潮都不可能与神话的历史化相比拟"，又谓古希腊欧赫迈罗斯（Euhemerus）的观点，构成神话历史化的滥觞。[2] 所谓"神话历史化"，例如"尧"本为天帝，《山海经·中次十二经》载"洞庭之山，帝之二女居之"，"帝"指尧，而"二女"即为娥皇、女英，但在《尚书·尧典》中，尧却是一位明君。

---

① 谢选骏：《神话与民族精神》，页三三七。

② 赵沛霖：《先秦神话思想史论》（台北：五南图书出版有限公司，一九九八年），页六七—六八。

"羿"本为神话中的英雄，其后化为二人：其一是帝尧时代的壮士，一说为帝喾的射官（《说文解字·弓部》）；其二是夏朝东夷部落有穷氏的首领，称"帝羿有穷氏"。如斯例子，不一而足，凡女娲、炎帝、黄帝、蚩尤、少昊、颛顼、舜、禹、夔等等，皆同样从神话人物演变成历史人物。

然而，仅从以上的文献证据，我们亦未尝不可反其道而观之，理解为"历史神话化"。上文引赵沛霖所言，古希腊欧赫迈罗斯的观点，构成"神话历史化"的滥觞。其实，"历史神话化"，方为近于欧赫迈罗斯的观点。

二十世纪初的德国学者维普雷思特（Friedrich Wipprecht）已经指出，神话的理性诠释（rationalistische Mythendeutung）有两重意义：第一，是"比喻的理解"："神话并非完全等同其表面上的意思。在传说人物及其奋斗、成长及死亡的背后，实有一些想法及观念，潜藏在掩饰的衣服之中。所有这些，都必须用比喻以理解。"[1]第二，是神话的历

---

[1]　"Die Mythen bedeuten ja gar nicht das, was sie zu sagen scheinen. Hinter diesen Sagengestalten und ihren Kämpfen, ihrem Werden und Vergehen liegen Vorstellungen und Begriffe, die in einer verschleiernden Einkleidung vorgeführt werden. Alles dies ist allegorisch aufzufassen." Friedrich Wipprecht, *Zur Entwicklung der rationalistischen Mythendeutung bei den Griechen*, I (Tübingen: H. Laupp Jr., 1902), SS. 8-9.

史化:"所有精彩的神话叙述,必然与某些事实及真实事件相符,或已然相合。荷马、赫西俄德及所有其他古代诗人所讲述的,不可能全部是虚构的。问题只在确定一个神话有何客观的真实为其根据,并查明其历史的核心。"[①] 欧赫迈罗斯的观点当属后者。他认为,神话实有其历史根据,其《圣史》(*Sacred History*; Ἱερά Ἀναγραφή〔直译当作《神圣的记录》,罗马作家恩纽斯(Quintus Ennius)的拉丁译本一般题作《欧赫迈罗斯或圣史》(*Euhemerus, sive Sacra historia*),故一般称为《圣史》〕)一书中叙述自己到达印度洋潘凯亚(Panchaea)一岛,发现宙斯神庙中刻有文字的石碑,记有宙斯生前的事迹,由此知道奥林匹斯诸神,皆原为被神化的国王。据西西里的狄奥多罗斯(Diodorus Siculus)《历史丛书》(*The Library of History*)所引述:"祭司们讲述神话,说他们家族(诸神)起源于克里特,在宙斯的带领下来到潘凯亚岛,当时与人类共处,为人类所居住世

---

① "Allen wunderbaren Mythenberichten müssen irgendwelche Thatsachen, wirkliche Geschehnisse entsprechen oder entsprochen haben. Homer, Hesiod und alle die andern alten Dichter können doch nicht alles, was sie erzählt, aus der Luft gegriffen haben. Es handelt sich also lediglich darum festzustellen, was als objektive Wahrheit einem Mythos zu Grunde liegt, seinen historischen Kern zu ermitteln." Friedrich Wipprecht, *Zur Entwicklung der rationalistischen Mythendeutung bei den Griechen*, I, SS. 10-11.

界的国王。"① 这部书的残卷中亦载: "关于诸神, 这位最有学问的狄奥多罗斯于其文章中亦说, 诸神生来便是人, 人类称他们为不死, 如此认定, 因其所作善事之故。"② 由希腊文 "善事"（ευεργεσία）而派生出德文的 "善事主义"（Euergetismus）, 希腊文所谓 "行善事的国王"（βασιλεὺς ευεργέτης）。③ 维尼阿楚克（Marek Winiarczyk）《美西纳的欧赫迈罗斯: 生平及著作〈圣史〉》（Euhemer z Messeny. Życie i dzieło Święta historia）指出, "善事主义的观念"（koncepcja euergetyzmu）是帝王崇拜的重要条件, 对欧赫迈罗斯有相当的影响。④ 古罗马基督教作家拉克坦提乌斯（Lactantius）《神圣教育原理》（Divinae

① "μυθολογοῦσι δ᾽ οἱ ἱερεῖς τὸ γένος αυτοῖς ἐκ Κρήτης ὑπάρχειν, υπὸ Διὸς ηγμένοις εἰς τὴν Παγχαίαν, ὅτε κατ᾽ ἀνθρώπους ὢν ἐβασίλευε τῆς οἰκουμένης." Diodorus of Sicily, *The Library of History* [Ιστορική Βιβλιοθήκη], Book V, 46 (Cambridge, Massachusetts: Harvard University Press, 1939), p. 224.

② "Περὶ ὧν (θεῶν) ἐν ταῖς συγγραφαῖς αὐτοῦ λέγει καὶ ὁ Διόδωρος ὁ σοφώτατος ταῦτα, ὅτι ἄνθρωποι γεγόνασιν οἱ θεοί, οὕστινας οἱ ἄνθρωποι ὡς νομίζοντες δι᾽ εὐεργεσίαν ἀθανάτους προσηγόρευον." Diodorus of Sicily, *The Library of History* [Ιστορική Βιβλιοθήκη], Fragments of Book VI, 1, p. 336.

③ Marek Winiarczyk, *Euhemeros von Messene: Leben, Werk und Nachwirkung* (München; Leipzig: K. G. Saur, 2002), SS. 43-50, 63.

④ Winiarczyk, *Euhemer z Messeny. Życie i dzieło Święta historia* (Wrocław: Wydawnictwo Uniwersytetu Wrocławskiego, 2012), s. 46.

Institutiones）亦称述欧赫迈罗斯的观点："然则谁人如此愚昧，以为在天国统治，即不当曾在地上统治？"[1]"我认为，一位神明为最原始时代的统治者，而另一位神明则是下一个时代的统治者。"[2]"古代作家欧赫迈罗斯从美西纳城而来，他搜集宙斯及被认为是其他诸神的事迹，从极古老的庙宇所存有的铭刻及神圣的碑文，编成历史。"[3]当代学者大多断定，《圣史》是一部乌托邦小说。安吉利斯（Franco de Angelis）及格斯塔德（Benjamin Garstad）指出，西西里的希腊人有向希腊本土"朝圣"的习惯，尤其是德尔菲（Delphi）和奥林匹亚（Olympia），此令他们想到宗教的起源处及诸神的居所都在非常遥远的地方，而欧赫迈罗斯正是如此。[4]然而，学者认为，严格而论，欧赫迈罗斯主义并不等同于"神话的理

---

[1] "Qvis est igitur tam excors, qui hunc in caelo regnare putet, qui ne in terra quidem debuit?" Lactantius, *Divinae Institutiones*, Liber I, Cap. XI (Lvgdvni: Apud Ioannem Tornæsium, 1567）, p. 37.

[2] "Video alium Deum regem fuisse primis temporibus, alium consequentibus." Lactantius, *Divinae Institutiones*, Liber I, Cap. XI, pp. 37–38.

[3] "Antiquus auctor Euhemerus, qui fuit ex ciuitate Messene, res gestas Iouis, & ceterorum qui dij putantur, collegit, historiam que contexuit ex titulis, & inscriptionibus sacris, quae in antiquissimis templis habebantur." Lactantius, *Divinae Institutiones*, Liber I, Cap. XI, p. 43.

[4] Franco de Angelis and Benjamin Garstad, "Euhemerus in Context," *Classical Antiquity*, vol. 25, no. 2 (Oct., 2006）, p. 217.

性诠释"，欧赫迈罗斯处于希腊化时代初期，帝王崇拜蔚然成风。他参加讨论，着意于提出宗教的起源而已。[①] 维尼阿楚克断言："将欧赫迈罗斯主义定义为神话的理性诠释，必然是错误的。在神话中看出历史，肯定不是欧赫迈罗斯主义。"[②] 维尼阿楚克的见解，与通说不同。

我们知道，神话时代当然较历史时代或哲学时代出现得更早，笔者当然不否定"神话历史化"的观点，但先民也可凭其"神话思维"，将历史说成神话。上古历史故事口耳相传，真假混杂（徐旭生称为"传说时代"），何者为纯粹的神话，何者为神话式历史，在西周时代已有所检别。神话中当有历史成分，上古至殷商时代十口相传的，不可能是纯粹的神话，否则在商代以前，便完全没有历史故事流传了。神话本身当然并非史实，但亦非完全没有历史在其中的。今天，要追溯何者为纯粹的神话，何者为掺杂历史的神话，是相当不容易的，因为神

---

① "Euhemer chciał przedstawić genezę religii." Winiarezyk, Euhemer z Messeny. Życie i dzieło Święta historia , s. 100.

② "... zdecydowanie błędne jest określanie mianem euhemeryzmu racjonalistycznej interpretacji mitów. Dopatrywanie się historii w micie na pewno nie jest euhemeryzmem." Winiarezyk, Euhemer z Messeny. Życie i dzieło Święta historia , s. 114.

话"历史化"后，哪些原来为真正的历史人物，而潜藏于神话之中；哪些原来是虚构的角色，"历史化"后则成为历史人物，我们都无法明确考定。但纯粹的神话及掺杂历史的神话同时流传了下来，是比较合理的说法。一般以为，西方神话中的乌拉诺斯（Uranus）、盖亚（Gaia）、克洛诺斯（Cronus）等，固然是纯粹神话中的神，而即使是较审慎的学者，仍然相信特洛伊战争（Trojan War）有其"历史核心"（historical core）。[1]《山海经》中的陆吾、泰逢、长乘、英招、计蒙、帝江、形天（刑天）、贰负、不廷胡余、冰夷、天吴等，仍然是纯粹神话中的神祇或怪物，而炎帝、黄帝、颛顼、尧、舜等，则成为历史人物了。

徐旭生认为古代部族的分野，可分为华夏、东夷及苗蛮三个集团。西北方的华夏集团分为黄帝与炎帝两大支派；近东方则有混合华夏及东夷两文化

---

[1]　Manfred O. Korfmann, "Der wahre Kern des Mythos: Die moderne Troiaforschung geht über die Suche nach dem historischen Kern des homerischen Epos weit hinaus," *Antike Welt*, vol. 36, n. 6 (2005), SS. 59–68; Dieter Hertel, "The Myth of History: The Case of Troy," in Ken Dowden and Niall Livingstone, eds, *A Companion to Greek Mythology* (Chichester, West Sussex; Malden, Mass.: Wiley-Blackwell, 2011), pp. 425–441.

而自成单位的颛顼、帝舜及商人；南方则又有出自北方的华夏集团，而其中一部分深入南方，与苗蛮集团有极深的关系。①

虽有其他学者提出异说，但徐旭生写定的框架，对学术界影响很大。夏代的考古研究，例如西安半坡遗址，虽未有文字的发现，但殷商以前尚有其他文明存在，已是无可置疑的。今天已陆续有学者根据考古的发现，探讨《山海经》与夏代文化的关系，并指出《山海经》的神话及其所描述的神人怪物，可从出土的图画加以比较印证。② 希腊神话中的诸神，学者大多论定不是俗世的历史人物，而中国的黄帝、鲧、禹等等，亦人亦兽，徘徊在历史与神话之间。

其实，《山海经》之所载，是否都是上古的原始神话，并不是毫无疑问的。早于二十世纪二十年代，蒙文通《古史甄微》指出，述古史者，皆起于东周。他从传世文献总结出，述古史者有"邹鲁""三晋"及"南方"三个系统：以孟子所说为宗，上合六经，

---

① 徐旭生：《中国古史的传说时代》（桂林：广西师范大学出版社，二〇〇三年），页四。

② 例如黄懿陆：《〈山海经〉考古：夏朝起源与先越文化研究》（北京：民族出版社，二〇〇七年）；王克林：《〈山海经〉与仰韶文化》（太原：山西人民出版社，二〇一一年）。

即为"邹鲁"说古史的系统；以韩非为宗，上合《汲冢纪年》，即为"三晋"说古史的系统；以屈原、庄子为宗，上合《山海经》，则为"南方"说古史的系统。[①] 春秋至战国是人文精神发扬的大时代，但楚地仍然流行大量巫说。我们固然认同"神话先于历史"的发展观念，然《山海经》之所载，部分亦可能独出于楚地或巴蜀地区巫师方士之言，尤其是传世文献及出土文献皆未有可互为印证的传说，即独出于《山海经》的传说。

今天出土的文献证明，南方所说的古史，未必与邹鲁所说的古史截然不同。例如尧舜禅让，楚地出土的竹简亦有此说。郭店楚简《唐虞之道》说（只抄录学者考释出来的今字，不抄录古字或假借字）："古者尧之与舜也，闻舜孝，知其能养天下之老也；闻舜弟，知其能嗣天下之长也……尧禅天下而受之，南面而王天下而甚君。故尧之禅乎舜也，如此也。"上海博物馆楚竹书《容成氏》说："昔尧处于丹府与藋陵之间。尧贱施而时时赏，不劝而民力，不刑杀而无盗贼，甚缓而民服……尧有子九人，不以其子为后，见舜之贤也，而欲以为后。"

---

① 蒙文通：《古史甄微》（成都：巴蜀书社，一九九九年），页一四。

（三）中国神话"道德化"的问题

一些学者以为，中国神话重视道德，而西方希腊神话将不道德的行为"合理化"。[1] 又说中国体系神话与希腊体系神话，分别代表世界神话的"伦理化"和"非伦理化"的极端。中国形成尊崇有德者的历史传统，希腊形成尊崇有力者的神话传统。[2] 若以古希腊神话与中国历代神话相较，这些说法不无道理，唯将古希腊神话与先秦神话比较，则未必然，尤其是《山海经》一书。《山海经》没有"伦理化"的倾向，亦并未特意"尊崇有德者"。《五藏山经》所载诸山水及动植物，固然无所谓道德与不道德的问题，《海经》中的"结匈国""羽民国""交胫国"等奇国，烛龙、禹彊、夸父、天吴、雨师妾、贰负、窫窳、西王母等神人异物，俱与道德无关。即使牵涉历史式神话，如羿与凿齿战于寿华之野、形（刑）天与帝争神、应龙杀蚩尤与夸父、帝令重献上天、令黎邛下地、夏后开上三嫔于天、禹湮洪水并杀相繇、鲧窃帝之息壤以堙洪水、帝令祝融杀鲧于羽郊等等，有何特别"伦理

---

[1]　Wang Xiangyun, *A Comparative Study of Chinese and Greek Mythology* (Jinan: Shandong University Press, 2000), "Abstract" and "Chapter 2", pp. 1, 40–82.

[2]　谢选骏：《神话与民族精神》，页一九一。

化"或宣扬道德可言？帝王谱系的记载，更不必论。只是希腊神话明显多有不道德的行为，相形之下，中国先秦神话算是有"道德"了。有西方学者指出，基督教的辩教者强调传统神话的两大特征：即其"不道德"及其"荒谬"(The apologists insist on two features of traditional myths: their immorality and their absurdity)。古希腊哲学家色诺芬尼(Xenophanes)痛斥希腊诸神"过度发展的人格化"(overdeveloped anthropomorphism of Greek gods)。[①] 其实，所谓"不道德"，诸如好色、强奸、谋杀、偷盗、贪婪、嫉妒、毁灭等，我们还可以理解，但希腊神话的"不道德"，有时甚至到达非人性、"前文明"(pre-civilized)的地步，例如"同类相食"(cannibalism)。乌拉诺斯的妻子盖亚怂恿其子克洛诺斯阉割其父，篡夺王位，是弑父之一例。当克洛诺斯得悉自己将重蹈其父之覆辙，为儿女所打败，竟然先下手为强，将数个亲生儿女活生生吃掉，包括著名的得墨忒耳(Demeter)、赫斯提亚(Hestia)、赫拉(Hera)、哈迪斯(Hades)和波西顿(Poseidon)。赫西俄德的《神谱》载："因他（克洛诺斯）从盖亚及

---

① Fritz Graf, "Myth in Christian Authors," in Ken Dowden and Niall Livingstone, eds, *A Companion to Greek Mythology* (Chichester, West Sussex; Malden, Mass.: Wiley-Blackwell, 2011), p. 323.

星星之天听到，他命中注定为子女所征服……他伺机行动，将他的子女吞下。"① 那是彻头彻尾的"同类相食"了。希腊神话多有强奸，不分同性异性，例如宙斯之于欧罗巴（Europa）及伽倪墨得斯（Ganymede）、底比斯（Thebes）国王拉伊俄斯（Laius）之于克吕西波（Chrysippus）等。至若人类时代（Ages of Man）的神话，则更不必说，充满权力、暴力、欺诈、贪婪，这是赫西俄德等作家反映公元前八世纪希腊统治阶级的实况。② 我们常常批评中国神话的"道德化"，以西方神话之"不道德"为尚，符合浪漫主义者及当代自由主义者的价值标准。但仔细观察《山海经》等先秦两汉神话著作的所谓"道德"，及希腊神话的"不道德"，则我们固有的常识，似乎不是完全准确的。

论者又说中国神话反映对权威的忠诚，举先秦时代的感生神话为例。③《山海经》没有感生神话，

---

① "πεύθετο γὰρ Γαίης τε καὶ Οὐρανοῦ ἀστερόεντος, οὕνεκά οἱπέπρωτο ἑῷ ὑπὸπαιδὶ δαμῆναι, ... ἀλλὰ δοκεύων παῖδας ἑοὺς κατέπινε." (463–467) *Hesiod* (Cambridge, Mass.: Harvard University Press, 2006), I, p. 40.

② David Bellingham, *An Introduction to Greek Mythology* (London: New Burlington Books, 1989), p. 6; Christoph Ulf, "The World of Homer and Hesiod," in Kurt A. Raaflaub and Hans van Wees, eds., *A Companion to Archaic Greece* (Chichester, U.K.; Malden, MA: Wiley-Blackwell, 2009), p. 97.

③ Wang Xiangyun, *A Comparative Study of Chinese and Greek Mythology*, "Abstract" and "Chapter 1", pp. 1, 14–15.

此处不论，而通读《山海经》，亦无所谓"对权威的忠诚"。相对而论，古希腊宙斯控御诸神，支配整个宇宙，有无上的权威，我们能否说古希腊神话反映对帝王权威的忠诚？根据古典作家之所述，古希腊的小国，多有奉帝王为神明的例子，包括吕山德（Lysander）、西西里岛叙拉古的大狄奥尼西奥斯（Dionysius I of Syracuse）、克利阿科斯（Clearchus）、马其顿的菲利普二世（Philip II of Macedon）、亚历山大大帝（Alexander the Great）等等。尽管当代学者对当中的一些问题存有质疑，但基本可信的是，萨摩斯岛（Samos）在吕山德生前已奉其若神；克利阿科斯自称宙斯之子；马其顿的菲利普二世生前已积极建立自己的个人崇拜，可惜他于公元前三三六年突然去世；亚历山大大帝更不消说，他生前模仿神话英雄海格力斯（Heracles），并以宙斯为父，他三十三岁英年早逝，科林斯同盟的城邦对他奉若神明。学者指出，于公元前四世纪，希腊人越来越依靠伟大的统治者，因此给统治者如神明一般的崇拜。[①] 然则从神话说到历史，古希腊

---

① "... w ciągu IV w. stawały się one coraz bardziej zależne od wielkich władców i dlatego zaczęły oddawać im taką cześć jak bogom." Winiarczyk, *Euhemer z Messeny. Życie i dzieło Święta historia*, s. 56–57.

人亦未尝不崇拜权威。

（四）中西神话的内容比较

中西神话内容之不同，俯拾皆是。不过学者多以西方神话常见的母题，在《山海经》中找寻对应的故事。此反映世界神话有其普遍性（universality），甚具意义。然而，神话并没有必然的普遍性，这一点必须强调。学者常常以西方神话为参照系，以说明中国神话的含义。这在原则上没有问题，但具体例子则仍可商榷。兹引数例略作讨论。

第一是英雄神话。古希腊神话的英雄，以普罗米修斯（Prometheus）、海格力斯、提修斯（Theseus）及阿喀琉斯（Achilles）为荦荦大者。普罗米修斯违抗神圣权威，为人类从奥林匹斯（Olympus）偷取火种，宙斯因而大发雷霆，将普罗米修斯锁在悬崖上，每天派一只恶鹰去吃他的肝，而他的肝每天又会重生，那只恶鹰天天去吃，令他苦不堪言；海格力斯力大无穷，骁勇善战，智慧非凡，为了赎罪而替欧律斯透斯（Eurystheus）完成十二项苦差（原定为十项），又射死折磨普罗米修斯的恶鹰等等，一直为人津津乐道；提修斯逃出克里特国王米诺斯迷宫（Labyrinth of the King Minos of

Crete），联合阿提卡（Attica）部落，建立雅典王国，并提出改革，成为雅典民主的英雄。

中国神话的英雄，一般以"羿"为最大代表。《海内经》一句"帝俊赐羿彤弓素矰，以扶下国，羿是始去恤下地之百艰"，已足以反映其为民除害的英雄形象。"羿与凿齿战于寿华之野，羿射杀之"，"昆仑之虚，方八百里，高万仞……在八隅之岩，赤水之际，非仁羿莫能上冈之岩"，皆可见"羿"的勇武及超凡的能力。然而，希腊神话中的英雄崇拜，性质与先秦神话不能相提并论。从现在所能看到的资料中，《山海经》最显赫的英雄"羿"，在民间的感染力仍然是有限的。

近现代学者以为，夸父神话也是英雄神话，是"与神争霸的象征"。① 一说夸父的故事，代表对光明及真理的追求。② 陶渊明《读山海经》诗说："夸父诞宏志，乃与日竞走，俱至虞渊下，似若无胜负。神力既殊妙，倾河焉足有！余迹寄邓林，功竟在身后。"（《陶渊明集》卷四）诗人亦盛称夸父

---

① 茅盾：《中国神话研究初探》（南京：江苏文艺出版社，二〇〇九年），页五七。

② 袁珂：《中国神话通论》（成都：巴蜀书社，一九九三年），页一〇一。

的"宏志"。不过,《大荒北经》本身已明说"夸父不量力",《列子》卷五亦说"夸父不量力,欲追日影,逐之于隅谷之际",唐代释皎然《杼山集》卷六有诗说"夸父亦何愚,竞走先自疲……空留邓林在,折尽令人嗤"(《五言效古》〔天宝十四年〕)。在近代西方神话学引入以前,夸父的故事很少为学者所歌颂。首先指出,"逐日"本身并不等同于"与神争霸",因为人类日常起居,无必要追逐太阳,此与普罗米修斯为人类从奥林匹斯偷取火种不同。至若说对光明及真理的追求("比喻的理解"),似乎也不太恰当。中国神话时代的先民日出而作、日入而息,是否真的有追求真理的欲望,而太阳是否即为真理的代表,是不无疑问的。根据《山海经》,夸父与蚩尤属同一派系,虽不必然是负面形象,也很难说与"羿"同科,属英雄人物。夸父居于北方的黑暗世界(《海经》记"夸父"之事于《海外北经》及《大荒北经》),"逐日"神话可能与此有关。王孝廉说"夸父逐日",其原始意义为太阳与黑夜之争,而"夸父之死",代表光明的胜利。[1] 其说大抵与《山海经》

---

① 　王孝廉:《中国的神话世界》(台北:洪叶文化,二〇〇五年),下编,中原民族的神话与信仰,页二五七。

之所述相符。

有学者引《海内经》末句"洪水滔天。鲧窃帝之息壤以埋洪水，不待帝命。帝令祝融杀鲧于羽郊"，认定鲧也可与普罗米修斯相比。[1]李丰楙以为，鲧窃帝之息壤，是叛逆的英雄。[2]首先指出，在先秦古籍中，除《韩非子》外，鲧的形象大多数是负面的。《墨子·尚贤中》曰："若昔者伯鲧，帝之元子，废帝之德庸，既乃刑之于羽之郊，乃热照无有及也，帝亦不爱。"《国语·周语下》载："其在有虞，有崇伯鲧，播其淫心，称遂共工之过，尧用殛之于羽山。"《尚书·尧典》载尧找人治洪水，尧说："吁！咈哉，方命圮族。"（《史记》："鲧负命毁族，不可。"）《尚书·洪范》："我闻在昔，鲧埋洪水，汩陈（乱陈）其五行。帝乃震怒，不畀洪范九畴。"从《海内经》那一句看，我们只知道鲧窃帝之息壤以埋洪水，不待帝命，其他细节，则不得而知，《山海经》亦没有褒贬之词。屈原《离骚》有"鲧婞直以亡身兮，终然殀乎羽之野"一句，《天问》又有"咸播秬黍，莆雚是营。何由并投，而鲧疾修盈？"一

---

① 袁珂：《中国神话通论》，页二五四。

② 李丰楙：《神话的故乡：山海经》（台北：时报文化出版公司，一九九六年），页一三八——三九。

问，皆对鲧的遭遇表示同情，但对于鲧治洪水，《天问》却说"鸱龟曳衔，鲧何听焉？"又问"顺欲成功，帝何刑焉？"王逸说："言鲧治水，绩用不成，尧乃放杀之羽山。"洪兴祖说："此言鲧违帝命而不听，何以听鸱龟之曳衔也？"姜亮夫认为"听"当读为"圣"，即问鲧有何圣德？[①] 黄灵庚根据马王堆汉墓帛画，认为"鸱龟曳衔"为玄冥之象，意即屈原问鲧，治水何以听从玄冥？[②] 无论如何，屈原对鲧之治水方法，仍然有一点保留。整体而论，古人对鲧的评价，有褒有贬，而以贬者居多。尤其重要的是，在治水的问题上，连屈原亦未敢肯定鲧的方法和态度。若只凭《海内经》"鲧窃帝之息壤以埋洪水"，即将鲧比作普罗米修斯，未免太急于从中国神话中找出西方的影子了。

当然，神话的诠释是开放的，我们只是寻求接近现存材料内容的诠释而已。研究历史与研究神话的学者，在方法及态度上多有不同。神话学者想象力较丰富，对基本材料多作较大程度的引申和发挥，

---

① 姜亮夫：《屈原赋校注》（香港：中华书局，一九七二年），页二八八。

② 黄灵庚：《楚辞与简帛文献》（北京：人民出版社，二〇一一年），页二三八。

并多以建构理论及比较体系为目的。于此，在原则上并没有"对"或"不对"的问题，我们只能从文献的证据及个人的批判思考，看看推论是否合理。

第二是创世神话。谢选骏指出，中国神话的历史化，最后形成中国式的体系神话，即"少典氏帝系"传说。[①] 我们今天称中国人为炎黄子孙，炎帝与黄帝就是同出于少典氏，即所谓"少典氏帝系"。王献唐《炎黄氏族文化考》开篇即以文献证据反驳黄帝炎帝同出少典之说。[②] 无论如何，中国的体系神话只涉及政治上的关系，而未能上推到最高的天帝。希腊的"神谱"则不同，希腊的神祇可说同属一个大家庭，当中以宙斯最具权力。此很可能与古希腊重视创世有关。虽然希腊神话并没有唯一的创世神，盖亚只是从"混沌"而出，但诸神同属一家，各自管理世间的某事某物，后世解释者以为有比喻的意义，于是整个世界便同出一源，真理便成为一个整体，因而成就其后哲学上"宇宙论的思考"（cosmological speculation）。赵沛霖认为，中国很早便流行祖先崇拜，故始终没有形成一个内在统

————————

① 谢选骏：《神话与民族精神》，页一九〇。

② 王献唐：《炎黄氏族文化考》（青岛：青岛出版社，二〇〇六年），页一一七。

一的普遍神系，以及处于核心地位的主神。[①] 这一点颇有参考意义。不过，中国最少在殷周之交，即有"天""上帝"的观念，见之于《诗经》及《尚书》，绝非止于祖先崇拜而已。丁山指出，甲骨文有"上帝"，有"帝"，帝即天神的最古尊号。[②] 徐复观举出例证，说明至少在殷周两代，祖先崇拜与"天""上帝"的崇拜是分开的。[③]《九歌》之首是《东皇太一》，太一是楚人的至尊神，与祖先无关。至若何以古代中国没有将诸神与天帝扯上关系，或建构以上帝为最高神的神谱，则似乎只有跳出西方神话，甚至"普遍神话"的框架，方能寻求其解释。

《山海经》的西王母、帝俊、羲和、黄帝、颛顼等，都无法解释为创世神话。有学者认为，烛龙有创世神的特征，是宇宙天地之化身，因昼夜、四季、风雨，甚至冥间，都在其管辖范围之内。[④] 但以《山海经》两处描述观之，烛龙只管理北方的黑暗世

---

① 赵沛霖:《先秦神话思想史论》，页三六五。

② 丁山:《中国古代宗教与神话考》（上海：上海文艺出版社，一九八八年），页一八〇——一八一。

③ 徐复观:《两汉思想史》（台北：学生书局，一九八五年），卷一，页三八七—三九〇。

④ 李川:《〈山海经〉神话记录系统性之研究》，（广西师范大学硕士学位论文，二〇〇六年），页三三—三四。

界，无所谓"创造"，似与创造整个世界仍然有一段距离。诚然，烛龙与盘古的形貌和神通很像，认为盘古可能由烛龙演变而来，是合理的，但论定《山海经》中的"烛龙神话"为创世神话，则难以成立。《大荒四经》及《海内经》将"帝俊"置于非常崇高的地位，在先秦典籍中找不到第二部。帝俊的角色非常特殊。他是东方殷民族的上帝，与凤鸟相关，是"凤"图腾的最高神。[1] 近现代学者结合出土文献及传世文献，多认为帝喾与帝舜，是帝俊一人之分化。[2] 何新根据长沙楚帛书所载"日月夋生""帝夋乃为日月之行"之文，及《山海经》所载其为羲和及常羲丈夫的身份，认定帝俊为上古之太阳神。[3] 这是合理的推测。然而，若进一步将帝俊比作希腊的宙斯，则不太恰当，因为他们除同为最高神之外，无论形貌、性格、事迹等等，几无类同之处。而尽管为最高神，帝俊在《山海经》中除了生育及娶妻外，都没有实质的动作，即没有实在的事迹。

学者称中国没有创世神话，指创世故事没有

---

[1] 李丰楙:《神话的故乡:山海经》，页一二四——一二五。

[2] 关于此一问题的总结，参安京《帝俊考》，《山海经新考》(北京:中央编译出版社，二〇一〇年)，页二三六—二四九。

[3] 何新:《诸神的起源——中国远古神话与历史》(台北:木铎出版社，一九八七年)，页四〇—四一。

"人格神"参与其中。《周易·系辞传》的"易有太极，是生两仪。两仪生四象，四象生八卦"，《老子》的"天下万物生于有，有生于无"，《庄子·大宗师》的"今一以天地为大炉，以造化为大冶"，皆属"宇宙论的思考"，不是神话。《庄子·应帝王》所谓"日凿一窍，七日而浑沌死"，也只能视为庄子所编造的谐趣故事。既然说"人皆有七窍，以视听食息，此独无有，尝试凿之"，即知非原始的人类起源神话了。有西方学者认为，道家的宇宙论背后，当有一个古老的创世神话故事。道家哲学与宗教神话并不对立，因而否定"中国特例"（China as a special case）之说。[1] 我们当然可以如此假定，而这假定亦相当合理，只是文献不足征而已。

中国古代有至高无上的"上帝"，但"上帝"并不是创造世界的。明末利玛窦（Matteo Ricci）以《尚书》《诗经》中的"上帝"附会《圣经》所说的陡斯（Deus），唯二者最大的不同之处，即在于此：《圣经》有人格神创造天地万物之说，而中国的创世神话及人类起源神话，在传世文献之中很迟才正式

---

[1] Norman J. Girardot, "The Problem of Creation Mythology in the Study of Chinese Religion," *History of Religions*, vol. 15, no. 4 (May, 1976), pp. 312–315.

出现。盘古开辟天地，见于《艺文类聚》卷一引三国时代徐整的《三五历记》及《绎史》卷一所引徐整的《五运历年记》；女娲抟土做人，见于《太平御览》卷七八引东汉应劭的《风俗通义》。《山海经》曾提及"女娲"，但只有"有神十人，名曰女娲之肠，化为神，处栗广之野，横道而处"之句，没有说到抟土做人。不过，先秦时代已有"女娲造人"之说。《楚辞·天问》谓"女娲有体，孰制匠之？"，意即若女娲造人，则女娲之身体复为谁人所造？屈原之所说，必有所据，唯这个故事在传世文献中并没有完整地流传下来。有学者认为，"娲"与"娃"音通，仰韶文化遗址所出土的蛙纹写实图画，是女娲氏族的图腾标志。[1] 长沙子弹库《楚帛书·甲篇》言及伏羲（雹戏）生于混沌，娶妻（一说为女娲）并生子四人。此证明在战国时代，中国已有类似的创世神话。[2] 只是这个创世神话的规模及影响，难以与古

---

[1] 陶阳、钟秀：《中国创世神话》（上海：上海人民出版社，一九八九年），页五〇。

[2] 高莉芬：《神圣的秩序——〈楚帛书·甲篇〉中的创世神话及其宇宙观》，《中国文哲研究集刊》第三十期（二〇〇七年三月），页一一四四；饶宗颐：《长沙楚帛书研究》（甲篇），收入《饶宗颐二十世纪学术文集》（台北：新文丰出版股份有限公司，二〇〇三年），第五册，卷三，页二三三—二五五。

希腊的相提并论。

今天，中国创世神话的研究，多指向中国少数民族的创世史诗，尤其以西南民族最为突出，如彝族及傣族的《开天辟地》、纳西族的《人祖利恩》、苗族的《创世记》等。[①] 然而，我们无法确定少数民族创世史诗的创作年代。[②] 现代学者从民间所收集的材料，大多数皆由白话中文转写而成，此与现在所谈先秦时代的文献较为不同。中国文明起源于黄河流域，诸子百家之传世经典，加上已发现的甲骨文、金文及简帛文献，方能成就中国先秦时代的文明。当然，笔者决不否定少数民族文献的内容价值及其意义。

三、结语

笔者提出以上诸问题，与当代神话学者的主流意见未必相合，并非存心立异，只希望刺激一下读

① 谷德明编：《中国少数民族神话》（北京：中国民间文艺出版社，一九八七年），页二九〇—二九二、三四一—三四五、四一五—四一八、五四五—六〇三。

② 文日焕、王宪昭：《中国少数民族神话概论》（北京：民族出版社，二〇一一年），页四一—四九。

者的思考，不为常识及直觉所牢笼而已，错误则在所难免。我认为，中西神话的比较，亦与文化比较一样，有一定的基本原则，例如必须以古论古，从古史的角度论古史，并以年代相若的中西神话相比较（上文已说，中国神话文献较迟出现，这篇引论只集中于中西方远古的神话）。理论的建构，也不能距离史料太远。以外国神话为参照系，以寻找中国神话的对应例子，在人类学的研究上有重大的意义，但诠释必须审慎，以免流于穿凿附会。民族与民族之间，必然有共通的神话，而某些民族又有其特殊的神话内容及神话模式，不必强求统一。

《山海经》的神话只限于描述，几乎没有完整的故事或深刻的性格描写，更没有史诗式的叙述。此与古希腊神话大相径庭。上文已说，中国史学的发达，亦为神话故事不兴盛的重要原因。《山海经》一书有关神话的部分，大概是上古传说的残存文字。即使在散文甚为兴盛的春秋末年乃至战国时代，亦没有知识分子将古代神话加以整理，编写成像《左传》《国语》一般的书。这是相当可惜的。

限于体例与篇幅，"新视野中华经典文库"之《山海经》的注释及译文力求简洁。注释部分，主要参考郭郛、郭世谦、袁珂的研究成果，并杂以己

见，而译文部分亦曾参考方韬的《山海经》（中华经典藏书系列）。《山海经》有宋尤袤池阳郡斋本、仪征阮氏琅环仙馆刻郝懿行《山海经笺疏》本等等。今以袁珂《山海经校注》本为底本，并参考方韬注本。为免烦琐，凡错字、衍字、异体字、错简等等，已一并校改，不复逐一列出异文及各家校订的意见。《海内东经》末自"岷三江"至"东注渤海，入章武南"一段，当为《水经》文，故"新视野中华经典文库"之《山海经》中不载。

《盐铁论》导读

干预主义与反干预主义：《盐铁论》中的经济思想

赵善轩

香港明爱专上学院通识教育及语文学系助理教授

一、武帝新政　经济改革

读《盐铁论》，就得先了解其书的时代背景。

汉武帝（前一五六—前八七）在位时，积极用兵四夷，他好大喜功，泰山封禅又虚耗了一大笔经费，导致国家财政入不敷支，为了满足他无穷无尽的欲望，故不得不推行新经济政策，以增加收入，内容大抵如下：

政策	负责人	推行年份
号召募捐	众官员	公元前一二〇年
算缗钱（财产税）	众官员	公元前一一九年
盐铁专卖	孔仅、东郭咸阳	公元前一一八年
告缗钱（告发瞒税）	杨可	公元前一一七年
平准、均输（物流统管）	桑弘羊	公元前一一五年

新经济政策始于汉武帝元狩三年（前一二〇），当时下令号召商人自愿募捐[1]，在欠缺经济诱因的情况下，反应不太理想，政府只好再想其他方法开源，故第一招是扩阔税基。元狩四年（前一一九）开征

---

[1] 司马迁：《史记·平准书》（香港：中华书局香港分局，一九六九年），页一四二五："其明年，山东被水菑，民多饥乏，于是天子遣使者虚郡国仓廥以振贫民。犹不足，又募豪富人相贷假。尚不能相救，乃徙贫民于关以西，及充朔方以南新秦中，七十余万口，衣食皆仰给县官。数岁，假予产业，使者分部护之，冠盖相望。其费以亿计，不可胜数。于是县官大空。"

新税，类近于现代的资产税，名为"缗钱"。① 元狩六年至元鼎四年（前一一七—前一一三）更全面推行"告缗令"②，鼓励百姓主动告发"瞒税"的商人，告发者可分得被告者一半的家产，造成"文革式"的告密风潮。由于没有对私有财产的保障，商人便失去了追求财富的动力，对商业发展产生前所未有的打击。

另一方面，政府没收全国以亿计的物资、成千上万的奴婢、每县田地以百顷计。自此以后，政府的收入大大增加，解决了用度不足的困难。杨可的"告缗令"，鼓励商人身边的人主动告发，最奇怪的是，告发者可分得被告者一半的家产。如此一来，就会诱使家人争相告发，甚至胡乱举报，奴婢告主人、家人邻里互相告发等情况也是不难想象，大部分商人因此而破产，商人不愿再投资工商业，据司马迁记载：

---

① 班固：《汉书·武帝纪》（北京：中华书局，一九六二年），页一七八："有司言关东贫民徙陇西、北地、西河、上郡、会稽凡七十二万五千口，县官衣食振业，用度不足，请收银锡造白金及皮币以足用。初算缗钱。"

② 宋叙五：《西汉的商人与商业》（香港：新亚教育文化有限公司，二〇一〇年），页一三一。

卜式相齐，而杨可告缗遍天下，中家以上大抵皆遇告。杜周治之，狱少反者。乃分遣御史廷尉正监分曹往，即治郡国缗钱，得民财物以亿计，奴婢以千万数，田大县数百顷，小县百余顷，宅亦如之。于是商贾中家以上大率破，民偷甘食好衣，不事畜藏之产业，而县官有盐铁缗钱之故，用益饶矣。①

同时，汉武帝又推行专卖政策，以解决国家用度不足的困难，这导致工商时代从此委顿，资本主义也被消灭于萌芽之中。初税缗钱打开了新经济政策的序幕，此后一年，即元狩五年（前一一八），打破了商人子弟不得为官的传统，马上任命盐铁巨贾东郭咸阳、孔仅为大农丞，领盐铁事务，俨如招安政策，负责盐铁的官员多数是商贾出身②，把最大的反对势力纳入建制之内，实行以商制商，由他们推行专卖政策，司马迁说：

于是以东郭咸阳、孔仅为大农丞，领盐铁

---

① 司马迁：《史记·平准书》，页一四三五。
② 司马迁：《史记·平准书》，页一四二九："吏道益杂，不选，而多贾人矣。"

事；桑弘羊以计算用事，侍中。咸阳，齐之大煮盐，孔仅，南阳大冶，皆致生累千金，故郑当时进言之。弘羊，雒阳贾人子，以心计，年十三侍中。故三人言利事析秋豪矣。①

同书又记载了孔仅、咸阳之言：

"山海，天地之藏也，皆宜属少府，陛下不私，以属大农佐赋。愿募民自给费，因官器作煮盐，官与牢盆。浮食奇民欲擅管山海之货，以致富羡，役利细民。其沮事之议，不可胜听。敢私铸铁器煮盐者，釱左趾，没入其器物。郡不出铁者，置小铁官，便属在所县。"使孔仅、东郭咸阳乘传举行天下盐铁，作官府，除故盐铁家富者为吏。②

在政府的设计中，是"民制官卖"的经营模式，一改汉初以来，民间自由卖买的做法，人民必须使用官方提供的制盐工具，由政府收购、运输、出卖，

---

① 司马迁:《史记·平准书》，页一四二八。
② 司马迁:《史记·平准书》，页一四二九。

并以严刑惩罚私铸铁器煮盐的人。铁的经营则全由政府垄断，采矿、冶炼、制作、销售都是由官员一手包办，中央由大司农直接统领，地方则设置盐官、铁官，再于无矿山的县内设小铁官，由上而下管理全国盐铁事务。盐铁是生活的必需品，需求弹性极低，官营以后，供应减少势必使价格上升，即等于增加了间接税收，大大加重了人民的负担。

另外，《史记·平准书》又记载汉武帝于元鼎二年（前一一五）命孔仅、桑弘羊推行平准、均输。[1]

置均输官五年之后，即元封元年（前一一〇），桑弘羊获提升至大农，执行新经济政策，太史公又说：

> 元封元年……桑弘羊为治粟都尉，领大农，尽代（孔）仅筦天下盐铁。弘羊以诸官各自市，相与争，物故腾跃，而天下赋输或不偿其僦费，乃请置大农部丞数十人，分部主郡国，各往往县置均输盐铁官，令远方各以其物贵时商贾所转贩者为赋，而相灌输。置平准于京师，都受天下委输。[2]

---

[1]　司马迁:《史记·平准书》，页一四三二。

[2]　司马迁:《史记·平准书》，页一四四一。

经过五年的试行，汉武帝终于决定在全国设置均输官员，全面推行均输政策。当时，各地郡县不时要向中央上贡土产，但长途运输导致运输成本高昂，又因路途遥远，货品易于变质，而物品亦未必是京师所需，故全国性推行均输法，本意是为了调节不同地区在空间上物价不平的现象。[①] 值得注意的是，数十年来教科书上说均输律是始于武帝之时，但出土文献显示，在汉初亦有均输律，只是武帝时才推行至全国。[②]

至于平准之法，司马迁接着说：

> 召工官治车诸器，皆仰给大农。大农之诸官尽笼天下之货物，贵即卖之，贱则买之。如此，富商大贾无所牟大利，则反本，而万物不得腾踊。故抑天下物，名曰"平准"。[③]

平准法设立是为了平抑物价，原意是政府在价低时收购一些必需品，待市场价高之时沽出，以干预增加供应的手段改变需求弹性来平衡物价。唯司

① 宋叙五：《西汉的商人与商业》，页一五八。
② 张家山《二年律令》"均输律"二二七简。
③ 司马迁：《史记·平准书》，页一四四一。

马迁一矢中的地指出，实行了平准、均输后，国家忽而增加了财政收入，史书载：

> 天子以为然，许之。于是天子北至朔方，东到太山，巡海上，并北边以归。所过赏赐，用帛百余万匹，钱金以巨万计，皆取足大农。[①]

由此观之，平准、均输不只是平抑物价与运输的政策，客观上还令政府财政收入大大增加，政府官员涉足财产支配，不少官员以增加财政收入为目标，而伤害了市场的正常发展[②]，否则司马迁不会说武帝接纳此法后，能够四方游历，赏赐群臣，花费巨万金钱，这反映了司马迁对此等干预政策所带来的效果做了公正的记载，实有良史直书不讳之风范。

事实上，盐铁会议中的民间人士指出，均输、平准之法推行的后果，不单是官侵民权，好使官员从中取利，而且官员强迫人民收买，极之扰民，也

① 司马迁：《史记·平准书》，页一四四一。
② 宋叙五：《西汉的商人与商业》，页一六〇。

与原来的设计意图相违背。①尽管盐铁会议很可能是由霍光（前一三〇？—前六八）借贤良、文学来打击桑弘羊的政治手段，贤良等人的言论或有既定立场，唯他们的说法与司马迁的论调基本上相同，可见此多少反映了一定的事实。总言之，新经济政策因执行上的种种弊端，反而导致物价上涨、货殖混乱，原来的目标可算是彻底失败。

汉武帝为了增加国家收入，可真是不惜一切，今检《汉书·酷吏传·义纵》：

> 义纵，河东人也……后会更五铢钱白金
> 起，民为奸，京师尤甚，乃以纵为右内史，王

---

① 桓宽著，王利器校注：《盐铁论校注·本议第一》（北京：中华书局，一九九二年），页四—五："文学曰：……今释其所有，责其所无。百姓贱卖货物，以便上求。间者，郡国或令民作布絮，吏恣留难，与之为市。吏之所入，非独齐、阿之缣，蜀、汉之布也，亦民间之所为耳。行奸卖平，农民重苦，女工再税，未见输之均也。县官猥发，阖门擅市，则万物并收。万物并收，则物腾跃。腾跃，则商贾侔利。自市，则吏容奸。豪吏富商积货储物以待其急，轻贾奸吏收贱以取贵，未见准之平也。盖古之均输，所以齐劳逸而便贡输，非以为利而贾万物也。"同章页一又曰："文学对曰：'窃闻治人之道，防淫佚之原，广道德之端，抑末利而开仁义，毋示以利，然后教化可兴，而风俗可移也。今郡国有盐、铁、酒榷，均输，与民争利。散敦厚之朴，成贪鄙之化。是以百姓就本者寡，趋末者众。夫文繁则质衰，末盛则本亏。末修则民淫，本修则民悫。民悫则财用足，民侈则饥寒生。愿罢盐、铁、酒榷、均输，所以进本退末，广利农业，便也。'"

温舒为中尉。温舒至恶，所为弗先言纵，纵必以气陵之，败坏其功。其治，所诛杀甚多，然取为小治，奸益不胜，直指始出矣。吏之治以斩杀缚束为务，阎奉以恶用矣。纵廉，其治效郅都。上幸鼎湖，病久，已而卒起幸甘泉，道不治。上怒曰："纵以我为不行此道乎？"衔之。至冬，杨可方受告缗，纵以为此乱民，部吏捕其为可使者。天子闻，使杜式治，以为废格沮事，弃纵市。[1]

现代新自由主义者一般相信，凡是在专制下的官僚干涉到商业经济，则弊端丛生，当时也是商贾出身的卜式也察觉到问题所在，并进言说：

式既在位，见郡国多不便县官作盐铁，铁器苦恶，贾贵，或强令民卖买之。而船有算，商者少，物贵，乃因孔仅言船算事。上由是不悦卜式。[2]

---

[1] 班固：《汉书·酷吏传》，页三六五四—三六五五。
[2] 司马迁：《史记·平准书》，页一四四〇。

现实的经验告诉我们，凡是官僚直接主管经济事务，则容易滥用权力，当时就有官员强迫人民购买盐铁器物，官员不是为求功绩就是要从中取利。[1]当时名臣卜式看到此种情况，立即指出新经济政策的种种弊端，汉武帝为人刚愎自用，向来不容许别人质疑他的经济政策。自此以后，汉武帝逐渐疏远他一向重用的卜式。卜式本来位列三公，任御史大夫，不久后更被贬官，远离权力中心，此后不再有任何政治上的影响力。[2]

据《史记·平准书》所记，其时"商贾中家以上大率破"，商人大多破产，人民也生活不下去，唯有靠偷窃为生。同时，政府又把"民之所依"的山林池泽纳入国家体制中，限制民间自行开发，严重冲击人民的生计。许多人不能再从事相关产业，令社会经济严重收缩。当时朝廷举行了盐铁会议，当

---

① 桓宽著，王利器校注：《盐铁论校注·水旱第六十三》（北京：中华书局，一九九二年），页四二九："议者贵其辞约而指明，可于众人之听，不至繁文稠辞，多言害有司化俗之计，而家人语。陶朱为生，本末异径，一家数事，而治生之道乃备。今县官铸农器，使民务本，不营于末，则无饥寒之累。盐、铁何害而罢？"

② 班固：《汉书·公孙弘卜式兒宽传》（北京：中华书局，一九六二年），页二六二八："元鼎中，徵式代石庆为御史大夫。式既在位，言郡国不便盐铁而船有算，可罢。上由是不说式。明年当封禅，式又不习文章，贬秩为太子太傅，以兒宽代之。式以寿终。"

中的民间学者指出平准、均输推行后，有官员利用权力强迫人民收买货物，使之成了扰民之法，此与原来的设计相违背，致使人民怨声载道。后来汉昭帝（前九四—前七四）继位，政府不得不正视这个严重的社会问题，遂出现了新经济政策存废的激烈争论。

二、中西学说　殊途同归

现代西方经济学大抵可分为两大主流，一是主张市场力量主导社会发展，国家应减少经济干预行为，让市场自主发展，而国家只需为商人提供良好的营商环境。经济不景气时，他们主张通过减税等措施来刺激消费，而非利用国家机器来干预经济。另一派主张以政府行为带动经济发展，特别是通过增加公共开支来刺激经济。两个学派在战后数十年来，主导了欧美日的经济政策。

教条的计划经济学者则主张一切经济活动最终都应在国家严密监管下进行，完全扼杀民间自由市场，他们认为市场经济造成的贫富悬殊是阶级矛盾的根源，故应当消除。上述理论不是纸上谈兵，当

经济学一旦落实到现实之中，那就不再是学术的讨论，而是涉及国民福祉的实际问题。故此，为政者在制定经济政策之时，不得不小心谨慎，须以民为先，而非以既得利益者或在位者的喜好为依归。

当代经济学人，言必称欧美，只因他们不知道在中国历史上，绝不乏伟大的经济思想学家及传世著作，而《盐铁论》可谓当中的佼佼者。先秦至西汉年间，是中国经济思想最发达、最旺盛的时代，当时学风开放，百家争鸣，思想多元，名家辈出，造就了许多伟大的学人学说，而最令人惊叹的莫过于"史家绝唱"的司马迁（前一四五或前一三五—前八六）。百多年前，西力东渐，中国面临"两千年未有之变局"（李鸿章语），国势日衰，中国不少学人欲以经济救国，他们试图从古书上找出历史根据，说明中国传统文化不弱于人，而梁启超（一八七三—一九二九）与胡适（一八九一—一九六二）早就认识到司马迁的经济思想之重要性，他们指出，司马迁有不少见解与西方古典经济派学人的思想是不谋而合的。[1] 经济思想史学者

---

[1] 王明信、俞樟华：《史记研究集成·卷十·司马迁思想研究》（北京：华文出版社，二〇〇六年），页二五七。

赵靖在《中国经济思想通史（二）》中说："中国古代在西汉中叶形成了两种国民经济管理模式：平均主义的轻重论和放任主义的善因论。"[①]桑弘羊（前一五二？—前八〇）是前者的代表，司马迁就是后者的代表，盐铁会议的民间学者则介乎两者之间。近年，西方学术界也认为司马迁的自由经济思想学说足可与古典经济学之父阿当·史密（Adam Smith，通译亚当·斯密，一七二三—一九七〇）的"看不见的手"（invisible hand）相提并论。几篇学术论文在西方极具分量的学术期刊发表后[②]，引起中外学人的激烈讨论，可见司马迁的思想启发性之大，竟令两千多年后的今人获益良多。当然，中国的经济思想注定不能与西方经济学同日而语，因为中国的经济学者被长期忽视，学问无人继承，不似西方开宗立派，成不朽之学问，这实在与中国长期大一统历史下，缺乏竞争，又加上大一统下，为求稳定，推

---

① 赵靖：《中国经济思想通史（二）》（北京：北京大学出版社，二〇〇二年），页七九。

② Young, L. "The TAO of Markets: Sima Qian And The Invisible Hand", *Pacific Economic Review*, Vol. 1, Issue 2（1996）, pp.137-145；Chiu, Y. S. & Yeh, R. S., "Adam Smith versus Sima Qian: Comment on the Tao of markets", *Pacific Economic Review* , Vol. 4, Issue 1（1999）, pp.79-84；McCormic, K."Sima Qian and Adam Smith", *Pacific Economic* Review, Vol. 4 , Issue 1（1999）, pp.85-87.

行一元意识形态等因素，有莫大的关系。

三、学术思想　多元并存

《盐铁论》是我们了解汉代学术思想的重要作品，书中的民间学者（贤良与文学），一如司马迁般，也是在老百姓的生计上考量，批判国家的干预行为，痛斥政策导致民不聊生，言语中或多或少地倾向反干预主义。他们追忆文帝的无为而治，认为政府应减少管制以及干预行为，反对官营工商业，提倡国家应减少不必要的管制，强调不应与民争利，以此讥讽当朝的干预主义。不同之处是，司马迁是以黄老思想为本，而贤良与文学则是典型的儒家信徒。虽然如此，在讨论中，贤良与文学仍不时流露出缅怀汉代初年无为而治的痕迹，欲借此建构心中理想的经济模式，从而批评汉武帝以及当代（汉昭帝始元六年〔前八一〕）的经济政策，其言论显示了绝不妥协于建制的文人风骨。难得的是，虽然他们大力抨击国家政策，但朝廷在盐铁会议后，仍拜他们为"大夫"，足见其胸襟，是真心缔造真正的"和谐社会"。虽然双方言辞激烈，但颇有"和而不同"

之气氛，绝非像今天那些"同而不和"、只懂拍掌的官式会议，知识分子也不是用来装饰的摆设，如此开明的论政风气，容许士人在公开场合大胆非议朝政，亦没"秋后算账"，这在大一统历史下鲜见，亦足以使后世的独裁者汗颜。

若说司马迁是代表战国以来黄老思想的集大成者，那么《盐铁论》中的贤良、文学就代表新兴的士人阶层，是次共有六十余人参加会议，这些"文学"是地方选拔得来的书生，而"贤良"则是在京辅选拔出来的读书人。从《盐铁论》中可见，这些知识分子不时引用道家、儒家、阴阳家之言来反驳政府高层代表，反映了汉武帝独尊儒学不久，学人仍受上一世代的教育（黄老主导，却百家争鸣的汉初）影响，学术思想仍未走向一元化。从他们的言论可见，其思想既有道家哲学成分，也有儒家特色，绝非如后世不少学人般，只懂跟着国家的"主旋律"走，只为政府推销意识形态，缺乏学人应有的"独立之思想，自由之精神"。

简言之，《盐铁论》一书，为春秋战国以来受黄老学说影响的反干预主义经济思想与主张国家主导的干预主义两大流派做了深刻的总结，也为我们留下了丰富的思想遗产，是研究古代社会经济的宝贵材料。

四、错推政策　民不聊生

新经济政策推出以来，民多疾苦，百姓对盐、铁、酒专卖感到厌恶。政府一改汉初容许民间自由买卖的做法，改为"民制官卖"的经营模式，其时人民被迫使用政府提供的制盐工具，盐由政府收购、运输及出售，而私铸铁器煮盐的人则会受到严刑惩罚。此外，铁器全由政府垄断，由采矿、冶炼、制作到销售，都由官员一手包办，中央由财政大臣（大司农）直接统领，地方则设置盐官、铁官，再于无矿山的县内设小铁官，由上而下管理全国盐铁事务。盐铁是生活的必需品，需求弹性极低，官营以后，供应减少势必使价格上升，这等于增加了间接税收，直接加重人民的负担。

当时人民对平准、均输、告缗等政策多有不满，政府希望多听他们的意见，以作检讨。年仅十四岁的汉昭帝下旨，召集郡国所举的贤良、文学，征询他们的意见。是次会议实由大将军霍光在背后推动，命丞相田千秋（？—前七七）主持"经济会议"，由贤良、文学为一方，"对决"汉武帝留下的辅政大臣御史大夫桑弘羊等人组成的政府代表团，重点讨论当代社会经济发展，也旁及国家的发展方向、用兵

匈奴的合理性、王道与霸道的取舍、礼治与法治的高下，以及古今人物评价等重大议题。桑弘羊本是商人之子，理应是反对新经济政策的最大力量，但他与孔仅、东郭咸阳等富商在武帝朝先后获引入建制核心，成了新经济政策中的推手，此可见两千年前，时人已懂得"以行政吸纳政治"的手段。另一方面，我们不能像改革开放前的中国内地学者般，轻率地把桑弘羊等人视为法家信徒。从《盐铁论》一书可见，大夫等人一时引用法家学说，一时征引儒学经典，一时采用道家之言来支持己说，但同时又批评孔子（前五五一—前四七九）为人顽固，不识时务，又不同意儒生所强调的今不如昔。由此可知，他们并没有固定的思想信仰，而是不折不扣的机会主义者。桑弘羊等人从国家财政的角度出发，力主干预行为有助增加国家收入，以支持军事扩张，大兴土木，以壮国势，主张"大政府，小市场"。他们以国家利益为最大考虑，坚持应先国家而后个人。桑弘羊更指基层贫穷是因为他们懒惰，完全与政府无关；又认为官僚生活奢侈是天经地义的，把贫富悬殊的现象合理化。桑弘羊等人又认为身无长物的贤良、文学，连父母也供养不起，没有资格讨论国家大事。这类人认为必要时可牺牲人民幸福以成全

国家的繁荣，为经济增长而破坏百姓生计，无视民为天下之本，背离人民，忽视个体乃社会的基础单位。其实，只有保障个人，才能确保社会真正的稳定，因为每个人都有可能在不同议题下成为小众，若以顾全大局为由，而放弃小众之利益，他日当自己沦为小众，则必自食其果，故绝不应提倡为国家而牺牲个体利益。

司马迁在《史记·平准书》中借用了当时积极反对干预行为的名臣卜式之言，以"亨（烹）弘羊，天乃雨"为全文总结，他又在《史记·货殖列传》说："故善者因之，其次利道之，其次教诲之，其次整齐之，最下者与之争。"[1] 学者宋叙五解释为："政府经济政策的最善者，是顺其自然，对人民的经济生活不加干涉。其次是因势利导。再次是用教育的方法说服人民，再次是用刑罚规限人民，最差的方法是与民争利。"[2] 由此可见，当时已有干预与自由经济概念，而在司马迁等自由主义者眼中，不管干预政策为国家带来多少财政收益，都是不义之举，因

---

[1]　司马迁：《史记·货殖列传》（香港：中华书局香港分局，一九六九年），页三二五三。

[2]　宋叙五：《从司马迁到班固——论中国经济思想的转折》（*Working Paper Series*, 2003）页四。

它使天怒人怨，司马迁甚至对桑弘羊欲杀之而后快。尽管司马迁对桑弘羊等人口诛笔伐，但《盐铁论》中，政府代表不时引用司马迁的文字，来支持发展经济的合理性，所以说研读《盐铁论》是了解西汉诸家经济思想的重要途径。

在反干预主义者心目中，国家官员直接经营经济活动，就是与民争利，直接打破了老百姓的饭碗，影响人民生活，是极不合理的，故必须加以痛斥。长远而言，这亦使中国的工业受到抑压，国学大师钱穆于《中国文化史导论》第六章说："中国社会从秦、汉以下，古代封建贵族是崩溃了，若照社会自然趋势，任其演变，很可能成为一种商业资本富人中心的社会。这在西汉初年已有颇显著的迹象可寻。"[1]本来中国的商业发展形势大好，但如历史学家唐德刚所言："那在西汉初年便已萌芽了的中国资本主义，乃被一个轻商的国家一竿打翻，一翻两千年，再也萌不出芽来。"[2]

贤良、文学不像司马迁般鼓励奢侈消费，也不肯定追求利益（"天下熙熙，皆为利来；天下攘攘，

---

[1] 钱穆：《中国文化史导论》（台北：台湾商务印书馆，一九九三年），页一二八。

[2] 唐德刚：《论国家强于社会》，《开放》，一九九一年五月号。

皆为利往"《史记·货殖列传》)的自由主义信徒,他们是倾向"躬亲节俭,率以敦朴"的儒家学者,这些否定奢靡生活的传统儒生,同时也深受汉初以来黄老思想的影响,这是汉初多元意识形态并存的结果,在往后大一统的历史中,是难以复见的文化盛世。文学一般认为国家官员从事经济活动虽可增加政府收入,有利国家的扩张,但最终难免出现官员舞弊或以权谋私的情况,导致政策变质,物价飞涨,把人民推向无底的深渊。即使像平准、均输等有利民生的政策,在实际执行之时,官员往往会滥用权力,以权谋私,终使良方变为恶法。至于盐铁专卖的主事官员,更往往动用公权力,强迫人民以超出合理价格的价钱买卖;此外,官制铁具质量低下,不利于农民耕作,影响他们的生计。

有趣的是,当贤良、文学指斥新法例极之扰民时,桑弘羊等人没有加以否认,只强调政策的好处。他们又把贪污腐化归咎于基层官员质素低下,并认为与政府高层无关。他们更认为贪婪是人类的本性,慨叹基层官员的道德水平不高。对于这些情况,身处二十一世纪的我们应该不会感到陌生,因为在上世纪有许多国家都以不同的手法(或社会福利主义、或国家官僚主义)引证了在专制政权下,没有足够

的制衡，由政府主导经济所带来种种负面影响的严重性。

五、路径依赖　成就千年传统

盐铁会议中，文学指出专卖政策造成了经济严重萎缩，专卖制令某些必需品成为完全垄断行业，由于缺乏竞争，导致价格昂贵，质量下降，百姓生计受到沉重打击。据盐铁会议所述，专卖制推行以后，原本发达的商业盛况不再，而朝廷在会议后一度废止了新经济政策，不过很快把专卖制度恢复过来，而东汉一朝亦严格执行，从而开启了后汉直至初唐，数百年工商业萧条的"中古自然经济"时代。众所周知，专卖制会伤害社会经济，又影响百姓生活，为何政府不早早废止它，反而一直保留，甚至不断内在强化，一直到了现当代中国，成为中国两千年的传统呢？

对于上述现象，笔者认为，可以经济学上新制度学派的"路径依赖"（Path Dependence）理论解释。当固有的交易费用不断上升，人们往往惧怕放弃原来已投入的成本，令原有投资变得一文不值，即成

为经济学上的"沉没成本"（Sunk cost），亦即明知改革有机会带来更巨大的效益，也不愿放弃已付成本，做出合理的"止蚀"。同时，亦因原有交易费用高昂，放弃更合理的选择。一九九三年诺贝尔经济学奖得主诺思（D.North）认为，路径依赖近于物理学中的"惯性"，一旦进入了某种路径，历史发展会对此路径产生依赖，因习性形成了许多既得利益以及利益团体，制度变迁的交易成本逐渐增加，而维持路径的既定方向反而费用更低，最终会使路径得到自我强化。

自汉武帝的新经济政策推行以来，它一直支撑着政府庞大的开支，如汉武帝泰山封禅、多年来的南征北伐等非经常性开支。东汉以来，士人政府日渐成熟，官僚架构变得愈来愈庞大，士人阶层更成了巨大的利益集团，使得经常性开支大幅增加；加上专卖制为官僚权贵贪污提供便利，又可应付沉重的军费，东汉也恢复了经营西域，所费不菲。故此，虽然开明的知识分子屡屡提出发展工商业可使百姓生活改善，却也早就明白，开放市场可促进市场发展，但因为放弃专利制的成本增加，而政府从不愿放弃沉没成本，专卖制度的路径便变得更坚固，执政者愈加没有改革的意志。到了宋代，甚至连茶叶

也被纳入专卖制之内。至于食盐专卖，至今仍未完全废止，可见这条路径发展两千年而不绝。

六、"鸡蛋""高墙" 字字铿锵

《盐铁论》的前半部分，即从卷一的《本议第一》到卷七的《取下第四十一》，是盐铁会议的对话记录，主要讨论社会经济问题；而后半部分，即由卷七的《击之第四十二》到卷十的《大论第五十九》，则是会议后贤良、文学拜别桑弘羊之时，对于应否用兵匈奴所起的辩论。民间的知识分子主张用和亲、教化、德治来解决边境冲突，而桑弘羊等则指他们过于理想化，只懂古是今非，认为实行霸道、积极扩张才是硬道理。这十分值得"讲霸道而不讲王道"、认为"强权即公理"的现代人反思反省。当年，汉武帝为了用兵匈奴，强推新经济政策，令百姓陷入水深火热之中（《轮台罪己诏》武帝说："是重困老弱孤独"），这又何尝不是历史的重演？讽刺的是，桑弘羊在会议后一年，因权斗而被政敌大将军霍光杀死，唯新经济政策并没因人亡而政息，此与历史上多数改革不同，它在汉元帝（前七四一

前三三）时暂停了三年，旋即恢复，终西汉一朝也没有废除，更成为历代的传统。

这两场辩论被人用文字记录留传了下来，在汉宣帝（前九一——前四九）时，桓宽（生卒年不详，《汉书》记他在汉昭帝时，官拜卢江太守丞）做了全面的整理。桓宽本是治"春秋公羊学"的儒生，也是建制的中级官吏，但他没有唯唯诺诺奉承国家。他一方面忠实地记载了官民两派激烈的辩论，"推衍盐铁之议，增广条目"，同时又本着"亦欲以究治乱，成一家之法焉"撰写此书，可见他要借此表达一己之见，非纯粹的文字整理。桓氏的立场明显倾向贤良、文学反建制的一方，文字中处处显露同情之意，又故意描绘政府代表的丑态，并多次描写大夫等人被迫得默然不语。限于篇幅，"新视野中华经典文库"之《盐铁论》选取了前七卷，后三卷要义多与前同，故暂且删去。

桓宽在结语卷十《杂论第六十》中直指政府代表目光短浅，不讲仁义，与他所认识的大道有所不同。他为各篇章起标题时，偏向了文学一方，其中一篇为"禁耕"，内容本是讨论专卖政策的利弊，而"禁耕"一词的"禁"是损害之意，即他认为专卖政策损害了农业发展，而汉代人普遍认为农为天下

之本，可见他借标题来阐述个人的主观意志，而书中许多章节，大多有这样的取向。这大概是作者对"鸡蛋"而非"高墙"的一种表态。

总言之，《盐铁论》是了解中国古代经济思想必读的经典，也是让今人反思的一面镜子。

《人物志》导读

且让骏驹驰大漠，莫教驽马骋沙场……

从管理学与哲学角度看《人物志》

关瑞至

香港明爱白英奇专业学校讲师

要判断一本书的高下，其中一种方法，就是看该书有多少角度或有多少层次容许我们阅读，角度、层次越多，其水平越高。以《人物志》一书为例，至少可以从两个角度或者层次来加以欣赏，一个是管理学，另一个是哲学。[①]

一、从管理学角度看

（一）总论

二十世纪管理学人才辈出，但当中彼得·杜拉克（Peter Drucker，通译彼得·德鲁克，一九〇九—二〇〇五）无疑是大师中的大师，影响之巨，很少有人能与他相比。他在不同场合多次强调，所有企业归根到底只有一个问题，就是如何用人。所谓管理，一言以蔽之，就是一系列如何开发、如何选拔、如何配置、如何调动人力资源，以至获取最大产出

[①]　这不是说只有此二角度，否则我用"至少"二字便无解。事实上，不同学者所采角度不一，反映了《人物志》的丰富。如牟宗三先生那篇广受征引的鸿文，就认为《人物志》是中国学术史上，从美学角度探索人性的奠基者。见牟宗三《人物志之系统的解析》，载《牟宗三全集·才性与玄理》（台北：联合报系文化基金会，二〇〇三年），页三七一五六。

的行为。可惜的是，世上大多数管理人员，所做的人才决策并不理想。有研究显示，成功率低至三成，换言之，企业用人，每十次就有七次出错。[①]

到底问题出在哪里？

首先，人很复杂。被用的是人，用人的也是人。所以，用人的问题可说一开为二。被观者表里不一，其实力、心态、性格难以窥探；即使表里一致，但人如其面，各不相同。所以怎样观人而能准确无误，本身就足以令人头痛。观者又如何？观人的人，受自身的性格、教养、学识、能力、眼光、才情、经验、心态，以及社会环境、文化背景、政法制度等等极度复杂纠结的因素所限制，结果，由观人到知人，由知人再到用人，往往偏差很大，鲜有客观。碌碌庸才，竟可窃居高位；有能之士，偏偏怀才不遇。最可怜的，莫过于后者要听命于前者，明知在高位者的号令、政策等等，对大家有害而无益，仍需忍气吞声，即使悖逆己意仍须唯命是从，个体被矮化成一件没有个人意志的工具，最终导致双输局面。职场上此等现象，屡见不鲜。

① 《让对的人，做对的事》，载《经理人月刊》(台北：巨思出版社）。

其次，管理人即使立志于用人唯才，极力规避主观意志的干扰，但说到底，用人问题始终不是没有主观影响即能成功之事。相反，它需要一套全面、深入并且到位的理论，系统地对人才的本质做出切实的剖析、归类，借以指导如何将人力资源不偏不倚地配置到最适当的岗位中，把该岗位应有的产出发挥到极致。这一道理，乍看简单，但当中牵涉的知识水平、洞察深度、用人胆识等等，都是极专业之事，非专家不能为之。

正是这些浅显不过的道理，让我们不得不欣赏《人物志》。《人物志》的创作，当然是以国家政府的用人方针为服务对象。但国家也者，不就是一巨大的企业？所以，全书每句每字，对国家、对企业，甚至对在职场工作的"你我他"，或对只对观人有兴趣的人都切肤相关，其作用广矣大矣。[1] 此书虽成于一千八百年前，但为我们提供的，正是有关用人、观人的大学问，其剖析之深与范围之广，恐怕在中外过去二千年都属罕见，发人深省处与警句策语，几乎篇篇有之，甚或段段有之，真是五步一楼，十

---

① 原版本"左冯翊王三省"的后序有言："修己者得之以自观，用人者持之以照物"，说得十分恰当。

步一阁。更为难能可贵的，是此书论证之严谨、细致、周详与其环环相扣所显示的系统性，在中国学术史中，殆无出其右。所以此书对任何领域的管理人员，都极具重要参考价值，实在不容不看，看了相信亦难以轻言放下。

在对《人物志》展开全面讨论前，我想先说明一个简单的问题。有读者可能会以为，有关人才的研究，必定能够帮助我们从所有人中辨识出具才能的人。于是，读者或会问，对于作者刘劭（生卒年月大约在汉灵帝建宁年间〔一六八—一七二〕至魏齐王正始年间〔二四〇—二四九〕，生平见下文）而言，什么人会具有才能，什么人不会；亦即是问，如何把具有才能之人与不具才能之人区别开来？答案或许会令你诧异，且容许我吊诡一点：就是人人皆具有才能，亦可说人人皆不具才能，所以没有所谓具才者与无才者之别。

为什么这样说？因为所谓才能，是相对于具某类才能者所身处的岗位而言的。清代诗人顾嗣协有诗《杂兴》："骏马能历险，犁田不如牛。"套用于此，就是说没有绝对标准确定谁有才能，谁缺才能，就像能履险如夷的骏马，若给配置到田间耕作，则连速度慢如黄牛者也比不上。明了作者这种观点，

对掌握全书的核心思想是十分重要的。

这有两个含义：其一，不论贤或不肖，所有人皆具才能，分别只在于才能的种类与强弱程度；其二，一个人的才能与他的岗位有一对应关系，亦即必待他被安置到能发挥才能的岗位上，他才可以把内在的才能发挥到极致。能发挥到的在他人眼中便被认为有才能，反之，即使有天纵之资，亦恐被误为庸碌之辈。以此观点来看，管理人——不，是所有人——应提出的问题，不是什么人具有才能，而是什么人具有什么才能；以英文表述，该是 Who has talents 与 Which talents has one got 之别。当然，在刘劭看来，后者才是应考虑的问题。不过，顺带一说，将人才译作 talents 其实亦不尽符刘劭原意，因为 talents 在许多人心中有特殊资质含义，常用以指优于泛泛众生之辈，亦因此意味着只有一小撮人具 talents，而剩下的大多数却付之阙如。然而，上文刚刚指出，此并非刘劭本意，所以在刘氏心中，人才当近英文中的 natural ability，而远于 talents。[①]

当我们明白了上述道理，亦即人是以"才类"

---

① 关于"人才"一词的英译问题，可参《人才学核心术语英译探研》，载《武汉工程大学学报》，二〇〇九年〇八期，页一四一—一八。

而分，而不应以"是否具才"而别，并且才能必待与岗位配合才会表现出来之后，接下来的问题便至少应有两个：

人才是以什么原则来分类的？

各类人才如何跟不同岗位配对？

这两个问题正是《人物志》所要解决的。①

为方便读者对全书有一系统的或称作鸟瞰式的掌握，上述两个问题我权且称为"母问题"，所衍生出的当然就是"子问题"。"子问题"有一大堆。以第一个问题为例，分类原则的基础、人才有哪些类型、如何认识人才以方便分类、认识人才的常见错误、观人者本身的情操等等。以第二个问题为例，哪类型的人才应与哪类岗位相配合？配合的原则应如何厘定？

---

① 事实上，《人物志》书名中的"物"字，就有"分类"的意思。成语中"物以类聚""言之有物""辨物区方""物以群分""物伤其类"，甚至词语如"物色"等，都带有或可以引申出"类别"的意思。因此，以"人物志"三字为书名，本身就有将"人"分类，以方便考察各类人才的实质之意。此亦钱穆先生谓"物是品类的意思"。见钱穆《中国学术思想史论丛（三）》（台北：东大图书有限公司，一九八一年）。

事实上，各项子问题复可再细分。以"如何认识人才以方便分类"（即第一项母问题的子问题）为例，由于人的天赋才能是不可以被直接观测的，所以人的外显行为，在什么意义下可以反映出内在的才能？哪类外显行为反映了哪类型的才能？人才的心理质素、道德修养等等又应如何去衡断？再举一例，当思考"认识人才的常见错误"（也是第一项母问题的子问题）时，自然会问，为什么会有这些通病？到底是与观人者有关，还是与被观者有关？这些通病又如何分类？当然，最后要问如何避免？始终，断症之后，还得开药嘛。

对此，《人物志》不但提问，而且解答得非常周全，问题与问题之间，答案与答案之间，往往互为印证，互相发明。此即我在上文说过的，《人物志》一书，处处显示了环环相扣、极具系统的特征。

（二）分论

以下想就上述两个"母问题"展开较详细的讨论。让我们再重述一次：

人才是以什么原则来分类的？

各类人才如何跟不同岗位配对？

1. 人才是以什么原则来分类的

谈到人才分类，其目的当然是为了选拔适当的人以配置到适当的岗位。现今企业，人才的需求甚巨，但选拔方法往往不出三种：面试、背景审查及心理性向测试。面试旨在筛选，背景审查则重在将不合资格的候选人剔除，而心理性向测试的目的，在于以客观之姿，将候选人的能力、性格、性向、行为倾向、心理特征等，加以量化。这一系列的方法无疑十分客观，但以深入、周全而论，则仍未能望《人物志》之项背。其间分别，在于《人物志》透过由形象到心理行为等外显特征，来探寻人才的本质，这一点读者只需稍读此书即可体会。

《人物志》全书共十二章，对人才的考察，散见各篇。有以外观（相貌、表情、声音、情绪）而审之的《九征》篇，有从个性特征（不同人才有不同的强项与弱点）而观之的《体别》篇，有以议论时的心态而察之的《材理》篇，有以于具体情境中的行事风格而评之的《八观》篇，亦有从与人相争时所表现的气度而鉴之的《释争》篇。总之，观察品评人才的方法层出不穷，极尽周全深入之能事。为方便阅读，现列简表如下：

表一:《人物志》考察人才的各种方法

方法	篇章
从外观	九征篇
从个性特征	体别篇
从议论时的心态	材理篇
从具体情境中的行事风格	八观篇
从与人相争时所表现的气度	释争篇

虽以多维度观察人物,《人物志》并没有将人才的种类过度割裂,支离难解。反之,作者刘劭发挥以简御繁的优点,把人才分为两类,即圣人与非圣人。

但圣人具天纵之资,万中无一,且圣人以无方为方、以无势为势(下文"从哲学角度看"有较详细分析),天下任一岗位都可让他点铁成金,因此反而不需要研究他与岗位之间的匹配问题,亦因此圣人一类人物,不是《人物志》一书关注所在。[①]于是,全书要讨论的,亦即我们要了解的,当然是非圣人一类,此为一大类,当中复可分为兼材及偏至之才(简称偏材);后者再依职业类别,分为十二型:清节家、法家、术家、国体、器能、臧否、伎俩、智

---

① 牟宗三先生认为《人物志》中的所谓圣人,是在讨论框架内,设定一个最高的标准,以方便探讨非圣人的特质而已。见牟宗三《〈人物志〉之系统的解析》,载《牟宗三全集·才性与玄理》,页六一。

意、文章、儒学、口辩及雄杰。不过，若按才能分，刘劭又把人才归为八类，即清节之材、治家之材、术家之材、智意之材、遣让之材、伎俩之材、臧否之材及豪杰之材。

现依次表列如下：

表二:《人物志》人才的分类

人才	圣人	（兼具所有才与德并发挥极致的人）		
	非圣人	兼材	（拥有超于一种偏才能力的人）	
		偏材	按职业分	清节家、法家、术家、国体、器能、臧否、伎俩、智意、文章、儒学、口辩、雄杰
			按才能分	清节之材、治家之材、术家之材、智意之材、遣让之材、伎俩之材、臧否之材、豪杰之材

如此分类，不可谓不细致。但读者随之而来的问题或会是，如此区分有什么根据？答案可以在"偏材"的"偏"字里找。所谓"偏"，早在全书首章《九征》中，已被定义为"胜体为质"（《九征》："偏至之材，以胜体为质。"）。意思是偏材以其发挥极致的突出能力为其界定性特征，但一个人若有一种能力发挥极尽，而他又只有一种能力（这已隐含在"偏材"的定义中，亦即若多于一种则已为兼材而非偏材），则意味着他在其他领域中，能力薄弱。

即是说，在凸显他强项的同时，其弱项、缺失等等，自然暴露于人前。刘劭就是抓住此一强一弱或一强多弱，来做人才的分类。[①] 书中《八观》及《体别》两篇，就提到偏材的得失。

《八观》篇指出，偏材，其失往往与其得呈现一种类似"共生"的关系：

> 夫偏材之人，皆有所短。故直之失也讦，刚之失也厉，和之失也懦，介之失也拘。

又说：

> 讦也者，直之征也；厉也者，刚之征也；懦也者，和之征也；拘也者，介之征也。

刚直的人，一旦看见缺失，便即起而攻之，仿佛条件反射，但却易招人厌烦。又或像性情温和的人，对人一味和顺，遇到小人时却反成懦弱的态度。一直一和，虽似相反，但共通的地方，就是有其得

---

① 当然可以再追问，以"偏"来做分类判准的根据，其本身根据又是什么。对此，刘劭采用了当时流行的阴阳五行学说做先天根据，我在下面"从哲学角度看"一节有简略讨论。

"必然"有其失，所以他才说"偏材之性，不可移转"（《体别》）。于是，我们就可从其强弱得失，将之在人才矩阵中归类。《体别》篇的分析更加详细，但原理与《八观》相同。

2. 各类人才如何跟不同岗位配对

由于"偏材之人，皆有所短"（《八观》），所以把人才配置到不同岗位时，不得忘记"人才不同，政有得失"（《材能》）的后果，亦因此用人时不得不考虑其优势与弱点。除此之外，刘劭亦提出了岗位与性格的关系。下面将分别讨论两者。

第一，人物的能力与任免的关系。

《材能》篇中，刘劭分析八种才能的人的优劣后，指出了各人相对于不同岗位的宜与不宜。与此相同，《流业》篇则区分了十二种行业者所对应的特质。深入交代前，我必须要指出，所谓八种、十二种，不应耽溺于具体数字，事实上，古代的官职岗位与今天社会的工作体系在质、量上都不能相比拟，所以我们要吸收的是其原则，而不是其具体分类。

《材能》篇甫始即依能力形态，区分了两种基本人才，一种能力较大的适合郡国的治理，另一种能力较小的，适合当地方官。从刘劭把两者之异的

焦点放在"总成其事"及"事办于己"而言，我认为以今天的语言来解读，可将两者理解为"政务人才"及"行政人才"之别，亦即类似英式文官制度中的"政务官"（administrative officer）与"行政主任"（executive officer）的区分。"总成其事"有让部属办具体之事，自己则制定总的方向或政策的意思；而"事办于己"则从具体之事由自己办理一点来看，实为行政实务人才无疑。政务人才不能与行政人才相混淆，因前者着眼于长远大局的策略性部署，而后者则微丝细眼，心细如尘，事务纵然烦琐，仍给他处理得井井有条。但若要他制定策略性计划，恐将导致现代管理学的所谓"彼得定律"（The Peter Principle），即把有特殊表现的人不断擢升，直至不能胜任的地步，结果适得其反，资产变成负资产。[1]当然，政务人才可调任至行政岗位，但却有大材小用之嫌。

以此做基础，刘劭便从不同角度分析人才的能力与其适合的岗位。首先，依据《材能》篇，能力有八种：

---

[1] Laurence J. Peter; Raymond Hull（1969），*The Peter Principle: why things always go wrong*，New York: William Morrow & Company.

表三：八种能力

八种能力	能力特点
自任之能	自觉力与自发性强，能当大任
立法使人从之能	制定规范、标准、办事程序的人
消息辨护之能	善于沟通，解难能力强
有德教师人之能	仁德典范，可为表率
行事使人谦让之能	调解冲突的高手
司察纠摘之能	善于查找不足，将隐藏的错误找出来
权奇之能	头脑灵活，具创意的解难高手
威猛之能	具威武勇猛、杀敌制胜的能力

那么，具有这些能力的人适宜派遣到什么岗位呢？在《流业》篇中，刘劭把职业分为十二类，部分与上面八种能力的区分有重叠，由此可以看出不同能力的人能胜任哪些职位：

十二流业（职业类型/岗位）	特质	岗位	与八种能力分类重叠处
清节家（能力虽单一，但极纯粹精微）	德行高尚，足为人法	师氏（即皇族子弟教师）	有德教师人之能
法家（能力虽单一，但极纯粹精微）	制定法律、建立制度，有利社会中人的多边行为，而使国家富强	司寇（为刑狱之官）	立法使人从之之能
术家（能力虽单一，但极纯粹精微）	能看通大局，有长远计谋	三孤（为三公即宰相的副手）	权奇之能
国体（集上述三者于一身并强）	上述三种才能俱备，并且很强，是治国大才	三公（宰相级高官）	上述三种才能俱备

续表

十二流业（职业类型/岗位）	特质	岗位	与八种能力分类重叠处
器能（集上述三者于一身但弱）	上述二种才能俱备，但不算强，虽未至于治国，但仍足独当一面	冢宰（为宰相以下的六卿之首）	上述三种才能俱备
臧否（清节家末流）	近于清节家，但其身虽正，却未能容人之不正，以致不能导人向善	师氏之佐（皇族子弟教师的副手）	有德教师人之能
伎俩（法家末流）	近于法家，但所制定的规范制度，欠缺宏观的视野，只图一时之效	司空之任（工程官长）	立法使人从之之能
智意（术家末流）	近于术家，但亦欠缺宏观的视野，所以计谋只有一时之效	冢宰之佐（为六卿的副手）	权奇之能

以上八类皆为人才，强的能治国，即使弱的也是不错的臣才。以下则为具体的特殊专长，可负责安邦治国所需的具体事务。

文章	长于文字写作	国史之任（史官一类官员）	
儒学	善于传承圣人的理想，但仅止于此	安民之任（并非官职）	消息辩护之能
辩给	能言善辩，游说力强，但道德情操不一定高	行人之任（司掌礼仪之官）	消息辩护之能
骁雄	胆识过人，又有才略	将帅之任（统领军务之官）	威猛之能

第二，人物的性格与任免的关系。

至于人物的性格与其职位之间的关系，刘劭在《体别》篇亦特别提出加以讨论。文中举出十二类人的典型性格所衍生的问题，用人时必须加以留意，免生事端。

第一类叫"强毅之人"，此种人气势凌人，仿佛身上能发出坚劲的气场，坏处是难以合群、拙于和众。但是，以他来压场则胜任有余，若任用他来制定规矩，则可噤人之声。

第二类是"柔顺之人"，性格刚好与"强毅之人"相反，处处让人，虽然在危急时处事不够利落，但是委以适当岗位，可成团队的黏合剂。

第三类为"雄悍之人"，顾名思义，此类人具强悍之风，处事一味一往直前，甚而鲁莽冲撞。不过，若需冒险犯难，确又是一名上佳拍档。

第四类称"惧慎之人"，以畏首畏尾、墨守成规为其特点。但小至一个团队，大至一个国家，实在是需要一些做事谨慎、不会违规的人，以完成恒钉琐事，所以委派此等人办理常规性的小事就最合适了。

第五类叫"凌楷之人"，有孤芳自赏、自以为是的性格。但若对此缺点善加利用，亦即当他认同组织的政策时，则可以多一些支持的声音。

第六类是"辩博之人"，要留意"博"不同于"驳"，此类人不是好辩之徒，而是一发其言，便滔滔不绝，霸占谈话空间而不自知，所以常有言不及义的毛病，但与之聊天，必有助谈话题，对团体能起气氛搞手之功。

第七类为"弘普之人"，这类人慈善济众，为"博爱主义者"，不论是非好坏都一并照顾，爱心已近泛滥程度。但是，若以他统领救济一类工作，则恰到好处，用之得宜。

第八类叫"狷介之人"，以守正不阿见称，但常流于抢夺道德高地，不讲情面。但是任用此类人却不虞其使诈，对稳定团体有正面作用。

第九类是"休动之人"，貌似很有理想，实则眼高手低。但因其有顾前不顾后的性格，在创业期加以授职，可以加强前冲的蛮劲。

第十类称"沉静之人"，与"休动之人"刚好成对照，此种人做事患在过于深思熟虑，易令团队工作停滞不前。但若善加利用，在政策推出之前，让他找出疏漏则十分恰当。

第十一类是"朴露之人"，此类人优点是直，是正直之"直"，但缺点也在直，是直露之"直"，亦即不能守密。但若委以"轻"任，则将会勠力以赴。

第十二类亦是刘劭所提的最后一类，称为"韬谲之人"，是为心术不正、伺机上位但又不愿吃亏的人。此类人职场上比比皆是，由于太多，若不加利用，则兵卒不足，所以关键是怎样利用，而不是弃之则吉。刘劭的建议是若有美善之事，可使此类人负责表扬，但始终不能委以重任。

（三）小结

刘劭对职场上不同人才种类的分析，具体而微，周全完备，难怪千古以下，为人推崇备至。

不过，《人物志》一书，其义之丰，其理之周，容许多维度的解读。此书的价值，不但可从人物品鉴、人才选拔的管理角度加以欣赏，事实上，其论人的高度与深度，骎骎然已超越管理学，而进军哲学的境界，所以，在下一节，我将会提出几个与哲学相关的问题，让读者进一步了解《人物志》深刻的智慧。

二、从哲学角度看：《人物志》的"天赋决定论"

《人物志》在哲学上有两项贡献：一是哲学意义

的，一是哲学史意义的。就前者而言，论者一般都谈此书有关阴阳五行理论的内容，亦有从所谓知识论角度论之，都各有精彩处。在此，我想略谈作者刘劭在书中的"天赋决定论"观点，另外，我亦想就此书的学术渊源，略说我的看法。①

以孔孟为代表的原始儒家，跟以老庄为首的道家，在许多问题上，纵或有天渊之别，但对万事万物本质的理解，却颇有可相比拟之处。对孔孟而言，尽心知性知天后，了悟宇宙是个有情世界，天道在万事万物背后，默然运作，"润泽苍生"。② 于老庄，"道生之，德畜之，物形之，势成之"③，其中"之"一字指的就是总括有形与无形的万事万物，意指天道不但生成、规范万物，并且润泽草木而不居功，

---

① 《人物志》在哲学上的贡献，多至不胜枚举，当中新儒家代表牟宗三先生的观点，最具启发。牟先生在《才性与玄理》中指出，由孔孟至宋明儒所开出的人性论理路，以道德为人性内核，亦即界定性特征，是人与其他一切有生命血气者的分别所在，此固然为中国哲学中的精粹，但对人落实在具体人世间时所绽放的美学生命，却并未能如《人物志》所了解得透彻。所以，牟先生认为，《人物志》正好补充了传统哲学的不足，两者凑合一起，便使人性的全部意蕴得以彻底展露。详见牟宗三《人物志之系统的解析》。

② 此为典型的当代新儒家学派的观点，读者可随意翻阅新儒家宗师级哲人如唐君毅、牟宗三、徐复观等，或他们海内外无数弟子的著述即知。

③ 老子《道德经》，第五十一章。

默察一山一石于无心无念之间。总之，儒道对宇宙万物的理解，都不是一种全然命定的机械观点。

与孔孟老庄相较，《人物志》对宇宙的形成与万物的本质，其形上预设，有明显的"气化论"倾向。所谓"气"，是一股在天地间无处不在的物质力量，而所谓"气化论"，简单讲是指天地间的一动一静、一往一来、一升一降、一荣一枯，以致四时变化，温凉寒暑，万物的生长收藏，莫不由此股充盈宇宙的力量所支配。庄子《知北游》的"通天下一气耳"便常被援引以作"气化论"的佐证。固然正如我上文所言，庄子并非气化论者（或至少不是典型的标准的气化论者），但庄子此语的确是气化论的最佳注脚。气化论既以万物的运作受气的支配，所以其"机械论"的特色便不言而喻。

此以机械论为其主要特征的气化论，在西汉时董仲舒手上，被极大化地发扬光大。刘劭生于两汉之末，学术界思变之心虽昭然若揭，但刘劭本人在宇宙论方面，受董仲舒影响甚深。《人物志》甫始即一锤定音，认为每一个人（以及万物）的才能来自五行的比重分布，而五行又衍生自元一及阴阳的先天格局，那么，循此以推，其逻辑结论必然是每一个人的禀赋，都是被先天决定了的，亦即每一个人，

由机体的构造到心理、心灵，再到精神层面，莫不由先天因素模塑，因此，是此则不能为彼，是彼则不能为此。其论证结构，其实是一标准的"三段论"式：

凡阴阳五行赋予的本质都不可改变（前提一）
人的本质由阴阳五行所赋予（前提二）
所以，人的本质不可改变（结论）

认为人的本质不可改变，并且此本质之所以不可改变，是因为他的禀赋全部由先天所决定，如此一来，便具极强的先天决定论色彩。所谓"先天决定论"，是指我们一切的行为、心理活动或性格特征，其表现形式、方式、形态等等，一早已有先天倾向性，仿佛其表现范围一早已给圈定，不得逾越，一切皆由先天因素（即阴阳五行分配的不同比例）所构成，个体本身不能改变。在这里，自由意志可说不起作用。这样说，当然并不表示个体每一项具体行为、活动等等，在个体未有意识前已被决定，而是指我们行动的可能性是被设定到只能在某一系列的形态范围内表现出来，但具体的表现要视乎当下具体情况而有所变化。打个简单比喻，一只手表

在制造时只有十二格，于是指针无论如何也不会指向第十三格。但在具体的时刻中，指针指向哪一格，就由当下哪一刻决定。上文那句"表现范围一早已给圈定"，说的就是这个意思。

换另一比喻，可以把先天禀赋看成计算机的硬件设定，而具体行为、心思、意念等等则有如安装在硬件上的软件。软件的安装首先必须要与硬件兼容，否则软件的潜在功能无法得以实现。一种软件可以有很多功能，但无论如何运作，它的所有可能的表现一早已由硬件的环境所圈定，亦即被限制。在刘劭的论述中，硬件被称作"情性之理"[1]，属先天的设定，原则上不可知，亦因此不能被观测得出。可幸的是，一个人的内在才质，都体现在其一言一行、一举一动，甚至一颦一笑中，否则全书断言人的本质可被观察则顿成空言，所谓"听其言[2]而（便可）知其人"是也。

这就引来一个有趣的问题：每一个人的才能、性情、心态、心理、倾向等等，到底在多大程度上可以被后天因素所改变？

---

[1]　见《九征》首句。

[2]　"言"也包括行为等外显的表征。

对先天决定论不论是否赞同的人，都会有的一点共识，就是从体质、体型等等层面而言，我们拥有的特质几乎全数都是由先天因素所决定的。一个百病缠身并且身材矮小的人，无论进行如何密集的系统训练，都恐怕终身与 NBA 无缘。但是记忆力、一般性的认知能力，经后天培训后，则往往可以有颇大的跃进。即使在刚提及的体育领域里，一个骨格清奇的人，纵有天纵之资，若无恰当的训练，相信仍无缘于任何成就。这些不单是今人的常识，古人一早就多有论述。后天的训练，用古人的语言表述，往往就是"学"。《论语》首章《学而》，即标举一"学"字；荀子在赫赫有名的《劝学》篇中，亦说"学不可以已"。

古人口中的"学"，今人称为"教育"。从社会制度的角度来说，改变人属后天的力量，最主要的就是教育。换言之，前段的问题可重新表述为，每一个人的才能、性情等等，在多大程度上可以受教育改变？就此，刘劭的看法有两点值得留意：第一，教育使人的先天禀赋日臻完善；第二，教育巩固了人的先天弱点。

乍看之下，此两点似互相矛盾。一者激发潜能，使之尽善尽美；而另一者却扼杀生机，使视野更形

狭隘。不过，如果细看，矛盾只属表面，稍加分析，即知刘劭有此怪论实在是顺理成章的。《体别》篇有言：

> 夫学所以成材也，恕所以推情也，偏材之性不可移转矣。虽教之以学，材成而随之以失。虽训之以恕，推情各从其心。信者逆信，诈者逆诈。故学不入道，恕不周物，此偏材之益失也。

意思是依一般看法，教育使人的才能得到发展，道德水平亦可提升，能做到推己及人。但在刘劭看来，一个具偏才的人，教育无疑可有助于其所偏之才的发展。但偏材的定义，意味着他有所缺憾，所以就其所欠之才而言，其偏才越盛，其憾越显，其缺点缺憾更形暴露于世人面前。就以推己及人为例，本来是抽离自身以体察别人感受的无上法则，但一个偏才，只囿于自己的世界，所谓推己及人，注定沦为以己心度人。如果他偏于信人，他就认为别人也很容易相信他，或值得相信，而对人疏于防范；如果他偏于使诈，他就认为别人也会欺诈自己，而对人有所防范。于是，无论怎样学，无论怎样恕，

都与客观真理缘悭一面。

所以，如果连最有资格改变人本质的教育，其实也不能改变人的本质，还有哪种方法、力量等等可资利用来改变人呢？职是之故，牟宗三根据对气化论的分析，断言以之做理论根本的任何学说，都具有"性成命定"的观点，亦因此"为彻底的命定主义"。[①]牟氏的分析，若将"命定"二字弱化为"决定"，则诚不虚言。两者的分别，简单而言，是"命定"意味着只能如此，但不能如彼，其间并无变化余地；但"决定"则表示被决定者可有变化，只是其变化的方向、方式、轨迹、范围等，已一早被圈定，仿佛被程序化了一样。但即使如此，仍有变化发展的可能。承上文的譬喻，前者就像一幅时钟的硬照，拍摄时的一刻是一时就是一时，是五时就是五时；但后者则如一个能正常运作的时钟，指针不停地随时间的流动而转动，但其变化始终都在设计时的十二个小时之内，可以是一时，可以是五时，但断不会是十三时（此处当然是就十二小时制，并且排除了艺术创意的"非常"之钟）。又好比一个只

---

① 牟宗三:《人物志之系统的解析》，载《牟宗三全集·才性与玄理》，页三三。

懂汉语的人，因只具单一的语言知识，因此他虽于具体情况，会说出不同的汉语句子，但所说的只能是汉语句子，而无法说出任何其他语种的句子。换言之，他一出生所能"生产"的语言总体，一早已被决定了。

当然，研究者中亦不乏坚持刘劭并非"先天决定论者"之人，台湾的吕光华是其中之一。[①]他虽然同意，以刘劭主张"学不及材"及"守业勤学，未必及材"来看，"先天的禀赋资质，比后天的修养力学来得重要"，但他仍认为，由于禀赋只是潜质，所以"还需后天力学，才能成材"，而既然刘劭也推举"学"的重要，因此，这就可证明刘劭是不反对"后天修养工夫"的。既然他不反对后天修养工夫，所以刘劭不是"先天决定论者"。

不过，吕光华的论证是建立在对"决定论"与"命定论"的混淆上，依他的理解，"决定论"是指

———————

① 吕光华:《论刘邵（按：即劭）〈人物志〉的性质目的及其修养论》，载《兴大人文学报》，第四十三期，二〇〇九年，页七九—一〇四。此外，江建俊《汉末人伦鉴识之总理则——刘邵（按：即劭）〈人物志〉研究》亦大谈"修养论"，并于该章结尾处谓："故人之欲求其大用，务先自平淡处修养焉。"见氏著（台北：文史哲出版社，一九八三年），页八〇。但文中并无正面讨论，在阴阳五行为人才质的先天来源的框架下，如何有修养的可能。

"事物存在和发展过程，本身具有因果性、必然性和规律性"。① 但这个理解较符合"命定论"（fatalism）而非"决定论"（determinism），后者的断言在以下的意义下比前者弱得多，即容许事物可以有变化发展，但仍声称变化发展的范围、轨迹等一早已被给定，这就是我以上时钟的硬照与正常运作的时钟的比喻的分别。

再进一步说，刘劭"信者逆信，诈者逆诈。故学不入道，恕不周物，此偏材之益失也"的断言，明显地说明了不论怎样学习、修养，偏者不单"不（能）入道"，最关键的是他只会越走越远，甚至永不回头。

刘劭说"益失"，此一"益"字，用意在此。因此，我仍坚持，刘劭是一"天赋决定论者"，但当然不是"天赋命定论者"。

三、《人物志》的学术渊源

《人物志》在不少传统文献中，分别被定性为

---

① 吕光华：《论刘邵〈人物志〉的性质目的及其修养论》，载《兴大人文学报》，第四十三期，二〇〇九年，页九四。

儒家（清代名臣张之洞在《书目答问》卷三中，把《人物志》列入儒家学说）、杂家（清代集体巨构《四库全书提要》总评此书时说："盖其学虽近乎名家，其理则弗乖于儒者也"，因而归之于杂家）、道家[1]或名家（《四库全书提要》亦提到"《隋志》以下皆著录于名家"，隋唐《经籍志》亦将之列于名家之下），晚近及当代学者亦多有类似看法。[2]这固然反映了归类者本身的时代背景与学术倾向，但同时或多或少显示出刘劭本人强大的综合能力，这点，不少学者早已指出。[3]事实上，我在上节分析刘劭的"天赋决定论"时，已指出其"气化论"预设，是深受董仲舒的影响，而董仲舒本人则吸收了阴阳家的宇宙观以提炼成自己的"天人合一"哲学。所以，说刘劭是阴阳家或博采诸说的杂家，并非毫无根据。

不过，我认为在某一意义上，任何人都是杂家。

---

[1] 台湾易学专家刘君祖在为《人物志》作的导论中，引近代著名史学家张舜徽的《周秦道论发微》作旁证，认为《人物志》既大谈"君王南面之术"（即古代君王驾驭臣民之术），因而可与道家相比拟。见刘劭著，刘君祖编《人物志》（台北：金枫出版社，一九八三年）。

[2] 持"糅合"观的比比皆是，兹仅举汤用彤为例："魏初学术杂取儒名法道诸家，读此书（按：即《人物志》）颇可见其大概。"见汤用彤《魏晋玄学论稿》（北京：中华书局，一九六二年），页二五。

[3] 如江建俊《汉末人伦鉴识之总理则——刘邵〈人物志〉研究》，页四三。

对任一身处特定空间维度的人来说，若在时间维度上曾出现过百家争鸣并且互相渗透的思想，我不相信他可以依然抱持纯粹的一家之言。好比一个带艺学师的武术高手，真能做到类似"散功"的行为，才去重新投入新的门派？请不要忘记，三国是中国自春秋战国以来，最大规模的社会解体时代，各种思想在对两汉正统儒家学说蠢蠢然发动颠覆运动，民间与学术界不同思想互相比并，互相影响。更何况所谓的两汉正统儒家学说，是由受阴阳家影响甚深的董仲舒一手炮制；而两汉之前，又经历过长时期的春秋战国诸子争鸣的局面？正是在此意义下，刘劭与所有其他人，都是杂家。因此，指任何人，包括刘劭，属于杂家，除非能准确厘清"杂家"之"杂"所蕴含的界定性特征，否则没有太大的实质学术意义。

所以我认为，单是指出刘劭糅合上古各家各派学说，而独欠指出他最终归于何家，是稍嫌平面的，必要待点出他的立足点，及以百川汇海之势，统摄诸家而形成一自圆一致的系统学说，才可对刘劭的学术贡献有一立体的纵深体会。下面我想简略说说我的看法。

我认为《人物志》理论根底是儒家的，具体

而言，是儒家的"仁者"学说。仁者至高的境界就是圣人，圣人者何？其实就是最高理想人格的原型（prototype），在《人物志》中被描述为具有"兼德""中和之德"，是"中庸精神"的彻底体现者。"中庸精神"在书中的界定性特征为"冲和"，能统摄诸德与众美，亦即汇集天下之至善至美以及最高能力于一身。但吊诡的是，正由于包罗万有，所以没有峥嵘的棱角（"平淡无味"《九征》），处处圆融，冲虚自守，变化无方（"变化应节"《九征》），因而远看近观，反予人"平凡"之感。①

常人以为，所谓圣人必定是光芒四射、大放异彩、漪欤盛哉。但刘劭独排众议，认为圣人是不易辨识的。其原因有二：其一，圣人为人才之极品，在众人之中没有比之更能极尽人性的精华，唯其如此，其行事为人，独辟蹊径，远离众生。在讨论考察人才所容易犯七种通病的《七缪》篇（归入全书的第十篇，属下卷部分）中，刘劭如此说：

> 隽杰者，众人之尤也；圣人者，众尤之尤

---

① 钱穆对刘劭提出"平淡"二字以界定圣人，十分激赏，谓"反复玩诵，每不忍释（，）至今还时时玩味此语，弥感其意味无穷"。见钱穆《中国学术思想史论丛（三）》。

也，其尤弥出者，其道弥远。

所谓隽杰，文中刘氏举韩信、张良为例，此二人在未得提拔至其岗位以发挥其内在潜能之前，其能力并非人人皆知。他们已是人中之龙凤，但比之圣人犹有不及，若韩、张二人之才干尚且不易察知，何况圣人？所以说，"其尤弥出者，其道弥远"，即是说，其才越高，其行越深，因此其才越发难知。紧接上段引文，刘氏所说的"出尤之人，能知圣人之教，不能究之入室之奥也"的"奥"字，指的就是圣人之才秘而难知。

不过，虽然圣人独辟蹊径，远离众生，但此并不表示他标奇立异，遗世独立，特立独行，若如此，则一旦他功名得立，一定会如上文所说的"光芒四射、大放异彩、漪欤盛哉"。非也！相反，依刘劭的分析，圣人冲和平淡，实而不华。在全书原序中，刘劭说孔子"又叹中庸以殊圣人之德"，"中庸"者，中间着墨之谓也，言不偏不倚、无过无不及之谓也。刘劭以孔子为例，他赞叹中庸，以之为圣人最高境界，以垂教学生，本人当然亦早已登中庸之境。是故我们每读《论语》，只见一德行高洁的长者，将他一生经验所熔铸的智慧，向人娓娓道来，令人如

沐春日和煦之风，无适无待，淡然畅然。相反，读《孟子》，乃至《老子》《庄子》，每至其精彩处，如临夏日的风暴或秋冬之肃杀，尤其至他们辩论诘难处，或屏息观之，或拍案叫绝，甚或不知手之舞之、足之蹈之。但比之于孔子之中庸平淡，恐怕又有未逮矣。

圣人之所以如此，是因为他已与天地阴阳达至完美的同构关系，谓之"与天地同流"可也。《人物志》甫始，即已为人的本质提出一套形上学的解释：

> 凡有血气者，莫不含元一以为质，禀阴阳以立性，体五行而著形。（《九征》）

天下凡有生命的，皆是以宇宙间最基始最本原的基质（即元一）为其生命"模板"，物种的千差万别，是取决于阴阳禀赋的不同比例，再因五行具体的变化，而形成生命形态的实际个别差异。这意味着有些物种比起另一些物种更为优越，"更为优越"的意思是指该物种在面对外在生存环境与内在系统环境时，是一更有效的生命形态。这是从种际差异角度来说的，同一道理也可应用于同一物种中的个别差异。所以人虽钟天地之灵秀而优于众生，

但在人此一物种中，仍存在人际的巨大差距。所谓圣人者，无他，就是得到阴阳五行最完美的比例配搭的人，刘劭形容圣人为兼德者并非无因，兼德之"兼"，就是齐备阴阳五行因而达至最高均衡状态之意。能达至最高均衡状态的，可以理解为与元一具有完全相同的结构，即上文所谓之"同构"。人在天地间生活，一呼一吸莫不自然，因而如鱼在水中，对之习焉不察，反无感觉；同理，圣人无棱角，无常势，是故不易为人所知。我在上面曾引《七缪》篇，指出知人难，知圣人更难，正可与此处分析互相印证。圣人以外的人，有兼材，有偏材。他们都是由阴阳五行只取一端或数端者，因而比重不均，五行中某一方面较强的，就在相关领域显得突出，因而棱角峥嵘，易为人察觉。

在《人物志》中，圣人的特质与儒家相关的，其实还不在其阴阳五行的禀赋，若单是如此，则我说《人物志》的理论根底是儒家的便是空言。事实上，找出刘劭最后的归宗，在于刘劭为五行赋予了儒家式的伦理性质。阴阳五行学说，一般人总误会为阴阳术数之士所独有，非也，此学说其实是上古先民共同的知识背景，因此，阴阳家固然有之，但同时道家老庄论之，法家名家审之，易经学说议之，

儒家当亦不会例外。刘劭以五行对应儒家之五德，并不必然表示就是阴阳家路数。即使如是，经刘劭以儒家仁德观念创造性地诠释过后，阴阳术数之味，已去之七八。

《人物志》以五德配五行，可表列如下：

表四：《人物志》五行五德相配表

五行	木	金	火	土	水
五德	仁	义	礼	智	信

以文字申之，即木配仁德、金配义德、火配礼德、土配智德、水配信德。由五行忽然跃至五德，不免突兀，所以刘劭提供了一个与人身构造有关的界面，使德行二者的关系具有物质基础：木在骨相上、金在筋脉上、火在气息上、土在肌肉上、水在血液上。此亦可以表列之：

表五：《人物志》五行五德五体相配表

五行	木	金	火	土	水
身体界面	骨	筋脉	气息	肌肉	血液
五德	仁	义	礼	智	信

这种论述方式，今天我们读来，相信多会格格不入，但我们不应束缚于文字的表面意思而以为木骨仁等真具有客观关联，或以为刘劭自以为有实质客观证据因而斥为无稽。我们在诠释文献时，应考

虑其时空背景，尤以时空皆与我们颇有距离者为然。五行等一系列的术语，是当时学术界共通的语言，以之作为论述媒介，合情合理。因此，在理解及诠释刘劭这段文字时，最重要的，是明白他旨在指出，人的品格是由先天的禀赋所决定，不同的禀赋是与人的德性禀赋息息相关的，换言之，是与生俱来的。当某甲有仁德倾向时，他在行为表现的可能性上，由先天禀赋，亦因此必定如此，而不能如彼（但这并不表示他一言一行早已被命定）。由于各人的禀赋可归入五行的各种类型，而各种类型是由先天所决定，进而先天所决定的类型与五德相表里，所以，归根到底，刘劭是在儒家的概念框架下，来理解人的本性以及人才的本质。由此看来，他在原序中推许孔子，并谦称"敢依圣训，志序人物"，意在表明自己的论述基础出自儒家，实非作伪之词。

虽然《人物志》立足于儒家，但如不少学者所倡，刘劭的确有博采众说，以取兼收并蓄之效。比如从外观及具体的行事风格来判断人才的《九征》《八观》等篇，与庄子的"九征"法（《列御寇》）、姜太公的"八征"法雷同，皆是以有诸外则形诸内的原则来考察人物，《人物志》有明显吸收的痕迹，就连篇名都直接挪用。《人物志》以圣人冲虚平淡，

极高明而道中庸，反不易为人所知，则有老子"大智若愚"的影子。甚至有论者指出，刘劭分偏材为十二，其中的"法家""术家"等职业名目，亦明显袭自法家。凡此种种，俱为刘劭博采诸家、冶为一炉的明证。不过，我仍得强调，《人物志》的基调，尤其德与才合的主张，圣人集诸德于一身的观点，及抽象的五行落实为具体的五德的坚持，刘劭以儒家为本的理念，实彰彰甚明。

四、作者刘劭及成书背景

《人物志》作者刘劭[1]，生活于三国时代。所谓三国，不仅是魏、蜀、吴的总称而已，而是一个大时代。期间，风云际会，人物起起跌跌，历史以几近光速，刹那一个小变，分秒一个大变。

---

[1] 刘劭之名，《三国志》有《刘劭传》，其名作"劭"，今天流行版本亦多作"劭"。但不少文献，如隋唐《经籍志》、宋阮逸《人物志序》、清《四库全书》等却又记之为"邵"。对此，今人杨新平及张锴生在《智慧之门·人物志》中有初步考证，认为刘之名应作"劭"，只不过"在北魏时期为避彭城王元劭之名讳"，才一度被易为"邵"。见杨新平、张锴生《智慧之门·人物志》（郑州：中州古籍出版社，二〇〇四年），页二一三。

刘劭之所以写《人物志》，而《人物志》又受当时（以及后世）的高度重视，当然有其时代背景，但与刘劭本人的能力与功力，却有莫大关系。

刘劭博览群书，学贯百家，上至天文，下至地理，旁及文、史、哲、政、经乃至人事管理学。他在《人物志》里，一口气展示了艺术鉴赏家、系统思想家、个性心理学家和身体语言专家多种形象。若以今日语言来表达，则是学贯中西，彻头彻尾通识专家一名。

根据陈寿《三国志》卷二十一的《刘劭传》，刘劭为三国时魏朝的广平邯郸人，亦即今河北省邯郸市人。传中未记载其生卒年份，一般学者则经考证后，认为当生于汉灵帝建宁年间，即一六八年至一七二年，并于魏齐王正始年间，亦即二四〇年至二四九年下世。大约在汉献帝年间初次为官，历任计吏（相当于文书处理一类的低级官吏）、太子舍人（即太子的属官）、秘书郎（相当于会议秘书）、尚书郎（掌理呈交司法部门的文件）、散骑侍郎（掌管骑兵卫士）、陈留（即今河南开封）太守（相当于州长）等，后曾受封"关内侯"，死后则追赠光禄勋（掌管宿卫侍从）。生平著作非常丰富，编有类书《皇览》，为魏明帝制定《新律》，还著有

《乐论》《律略论》《法论》《新官考课》及《许都赋》《洛都赋》等，著作多已散佚。目前仅见《人物志》和《赵都赋》《上都官考课疏》等。从其著述种类来看，刘劭在经学、法学、文学、音乐[1]，乃至人事管理学方面，都深有认识，且在相关领域具有扎实的资历。人文学成就如此之高，其于天文学亦同样功力深厚。建安年间，他以一人之力，驳斥一众悠悠之口，断言当时日蚀预言之谬。凡此种种，以现代标准来看，刘劭无疑是个通才，加以著作如此丰茂，若身处大学环境，早已被聘为终身教授。

关于《人物志》的成书背景，我们要注意的应是汉帝国崩溃前后两个划时代的转变：第一，选拔人才的方式；第二，经学式微与个体解放之间的关系。

汉朝以察举制选拔人才，所谓察举制，即从两方面来判断人才的高下：其一是由上而下式的"考察"，亦即官吏被派到国内不同地方直接罗致人才。但由于人生路不熟，考察人才的官吏其实颇仗赖地

---

① 《乐论》之"乐"，指礼乐之"乐"，原非指音乐，此书倡议"制礼作乐，以移风俗"，但当中其实就牵涉了将音乐普及化，以使社会免于因政治、经济、民生、战祸、天灾等"无常"因素所带来的紧张，从而教化或陶冶人民的心灵。

方势力的推荐，于是除"考察"外，便有"推举"的产生，亦即由下而上的推荐，由地方社会贤达推荐后，再由地方官推荐入中央。进入中央后是要经类似考试的考核检定，才会量才授官。但当中为时人所特别重视的一科却与考试关系最浅，此即为推举"孝廉"。汉代名义上罢黜百家，特标儒术，而儒家是以重孝为名，因此，顺理成章，对孝子贤孙礼遇有加。当时有不少人是循"孝廉"一途进入政府当官的。

察举制初行时的确是有利于人才选拔，有能之士从全国四方八面如进庞大的运河系统般，一批一批被运往中央政府，不单大大加强社会上下阶层的流动，在周秦以来的封建世袭制中破开缺口，更加重要的，是加强了社会精英分子对国家的向心力，从而巩固政权，而政权得以巩固反过来亦意味着社会的稳定。两汉辉煌的成就与察举制的关系是很难被夸大的。

然而，像人世间所有事物一样，制度难免有"生老病死"。一项制度如不能与时并进，并且因其曾伟大过而以为它神圣不可侵犯，因而任其老化、僵化、形式化，最终所有人都是受害者。察举制由于倚重个人的名声，仗赖主事者的主观判断，最终

沦落为一陈陈相因，人脉关系环环相扣，继而重蹈世袭形态的落伍制度，并最终令吏治败坏，当中举"孝廉"就常有作伪事件的出现。这实在不能不说是历史的吊诡。

直至曹操掌权，深明在大时代里人才的重要，于是三次下令求贤。[①] 不过，所求的"贤"，其内在语意已偏离汉代儒家系统，而出现一种"去道德化"的现象。"贤"变为只讲求能力而与道德无涉，他那句常被援引的话"惟才是举"[②]，人们耳熟能详，若不深究其背景，几乎沦为陈腐语。

求才而不求德，正是对治因察举制而生的世袭阶级的一帖药。不过，既要求才，那么与汉初时一样，都面临相同的难题，就是寻找判断有才能者的客观标准。汉朝用了察举制，成也在斯，败也在斯，所以至曹魏时不可再用。于是，月旦人物、品评人才的论述便应运而生。依现存史料来看，当日相关的讨论与争辩，闹哄哄多得不可胜数，独刘劭的《人物志》能历经千余年，不但没被淘汰，并且骎骎然有演成显学之趋

---

① 三次求贤令分别在建安十五年、十九年及二十二年发出。

② 《三国志·魏志·武帝纪》。

势，海峡两岸学者多有论述，外国学人则由美国的 J. K. Shryock 于一九三七年的专论专译[1]肇始，一九七五年则有新西兰奥克兰大学的 Lancashire 教授的期刊论文[2]，到管理学者对《人物志》的重视，在在都说明此书的价值。

五、《人物志》各章主旨

"新视野中华经典文库"之《人物志》不计原序，共十二章，依原书分为上卷、中卷、下卷三组。但卷下首篇的《八观》，亦即全书第八篇，论内容似应归入中卷，现依原书分卷法及根据内容重分后的分组，列表于下：

原书		重新分租
上卷	《九征》《体别》《流业》《材理》	理论研究
中卷	《材能》《利害》《接识》《英雄》《八观》	应用研究
下卷	《七缪》《效难》《释争》	常见通病

---

[1] Shryock, J. K. (1937). *The Study of Human Abilities*. New Haven: American Oriental Society.

[2] Lancashire, D (1975). "Man Determined or Free–A Study of Liu Shao's Treatise on Man". *Journal of the ANZSTS*. 17–32.

至于各篇主旨，可于下表见之：

目次	篇名	内容
第一篇	九征	讨论如何从人的外在生理特征，即神、精、筋、骨、气、色、仪、容、言等，判断其内在天赋才能，借此为全书奠定理论基础
第二篇	体别	指出只有圣人才符中庸标准，其余则因不同的气质而对中庸有所偏离，而有抗者（过之）和拘者（不逮）之分，当中再细分为六类，以说明其优点与缺失。
第三篇	流业	划分十二种职务分类及其对应人才类型，亦即清节家、法家、术家、国体、器能、臧否、伎俩、智意、文章、儒学、口辩、雄杰。
第四篇	材理	从辩论的表现来看一个人的能力形态，借以讨论人才和说理的关系。理有四种，即道理、事例、义理、情理，常人往往只通一理。
第五篇	材能	从另一角度，列举了八种不同才能的人才，指出他们适宜的职务。
第六篇	利害	分析六种人才在被录用与不被录用时的差别，以此指出人的性格、心理形态与自身命运的关系。
第七篇	接识	讨论偏材一类的人跟兼材一类的人，在鉴别人才时，其方向与心态都受本身的特质所限制，因而有不同的偏颇。
第八篇	英雄	分析真正具雄才大略的人的稀有能力；此篇是类似个案研究的专论。
第九篇	八观	依不同的行事风格，从八个方面去观人与判断其高下。
第十篇	七缪	指出在鉴别人才过程中，容易犯的七种通病。
第十一篇	效难	说明人才不为所知，因而易被埋没的原因。
第十二篇	释争	从人才相争的情况，反映其境界的高下，并提倡老子谦让思想，以作全书最终的劝勉。

《车马出行图》

《水经注》导读

中华大地的血脉

香港树仁大学历史学教授 张伟国

《水经注》是中古时代一部史学奇书。它所记述的是当时已知世界的河流沿岸景物、城邑、人物和历史。它的作者郦道元（？—五二七），字善长，范阳郡涿县（今河北省涿州市）人，生平事迹记于正史《魏书·酷吏传》中。郦氏世代仕宦北朝：道元的曾祖父郦绍，为北魏兖州监军；祖父郦嵩，官至天水太守；父亲郦范，服官五十年左右，获范阳公封爵。道元自幼随父亲任官而奔走四方，孝文帝时开始步上仕途，以尚书郎的官职随孝文帝北巡，其后在北魏京城洛阳任官，又曾多次出守地方州县，因此有机会在中原北方游历。宣武帝永平年间（五〇八—五一二），道元出任鲁阳（今河南省鲁山县）太守，创立学校，广行教化。据史书称，郦道元为官"秉法清勤""素有严猛之称"（《魏书》本传），得罪不少权贵。北魏皇族汝南王元悦好男色，其男宠丘念恃势弄权犯法，被郦道元逮捕，元悦向掌握朝政的灵太后恳求特赦，道元却赶在圣旨到达之前处死丘念。元悦因此与道元结下深仇。郦道元在东荆州（今河南省沁阳市境内）刺史任上，威猛为治，被百姓上告，因而免官，在京赋闲期间，专心撰写《水经注》，历时七八年。

孝昌三年（五二七），北魏境内民变蜂起，雍州

刺史齐王萧宝夤奉命领兵到关中平乱，却意图乘机割据反叛。元悦等权贵推荐郦道元担任关右大使，赴关中监察萧宝夤。萧宝夤疑忌道元不利于己，命其部属郭子恢发兵围攻道元所留宿的阴盘驿亭（今陕西省西安市临潼区，在秦始皇陵附近），道元与随行的弟弟道峻及两子一同遇害。由于郦道元为官铁面无私，得罪不少权贵，他死后二十七年，曾经与他同时为官的史臣魏收编撰《魏书》，将郦道元列入《酷吏传》。

《水经注》是郦道元唯一的传世著作，顾名思义，郦道元撰书的原意是为《水经》作注。《水经》是一部列举全国水系的古书，记述了一百三十七条主要河流，全书一万余字，每条河流只作纲领式记录，内容非常简略。《水经》的作者说法不一，其中一说是前汉人桑钦，另一说法是西晋人郭璞。先师严耕望教授认为：桑钦是前汉人，而《水经》中有魏晋时才出现的地名，不可能出自桑钦手笔；有些地名在东晋、十六国之后才使用，也不会是西晋人郭璞所撰。也有学者认为前人撰述的《水经》可能不止一种，经过多次传抄、增补而形成，郦道元只是以当时通行的《水经》为纲，增补更详细的资料作注，而"道元好学，历览奇书"，他不但学识

丰富，而且见闻广博，在为《水经》作注过程中，补充了大量内容，在《水经》原有一百三十七条河流之外，增加了超过一千条支流，所记述的大小河流多至一千二百五十二条，是《水经》的十倍以上。此外，还有五百多处湖泊和沼泽、二百多处泉水和井水等地下水、六十多处瀑布、四十六处岩溶洞穴、三十一处温泉、九十余处津渡、九十多座桥梁；此外，注文提及的古城邑遗址数以百计、宫殿百余处、陵墓二百六十余处、寺院二十六座等等；加上历史人物的活动、郡县的置废沿革、战场的描述、道路关隘、风景奇观、民间传说、碑刻题铭、诗歌民谣等。这使原本枯燥的水名、地名，加入了丰富的人文历史内涵。现存《水经注》版本中，可计算出郦道元旁征博引、参考和引述前人著作多达四百三十七种，辑录汉魏金石碑刻三百五十种，其中绝大部分早已散佚，全靠《水经注》的征引而得以保全片言只语，可谓弥足珍贵。

《水经注》的材料来源，严耕望教授认为，主要有以下几种：其一，郦道元曾亲自游历过不少地方，他所到之处，亲自采访、询问当地人士，以及他对地理情况的详细观察，把获取的资料记述在《水经注》相关的条目中。道元虽然自称"不爱涉水，不

喜攀登”，但他事实上到过许多地方，北起今内蒙古，东至山东，西到陕西，都曾因公务而涉足，他在《水经注》的自序中说：凡所到之处，都“脉其枝流之吐纳，诊其沿路之所躔，访渎搜渠，缉而缀之”。例如他描述洛阳附近黄河孟津的冰层：“寒则冰厚数丈。冰始合，车马不敢过。”提到“河水”即黄河浑浊时，引用民间观察：“河水浊，清澄一石水，六斗泥。”又如他出任颍川郡（河南省禹州市境内）太守时，在郡治长社县修筑客馆，掘得一巨大树根，他在《水经注》中记载了这一异象，并做了一番考究，他说：“余以景明中出宰兹郡，于南城西侧，修立客馆，版筑既兴，于土下得一树根，甚壮大，疑是故社怪长暴茂者也。稽之故说，县无龙渊水名，盖出近世矣。”其二，道元好涉猎群书，对于水名、地名以至郡县沿革、封邑兴废，他都不厌其烦地旁征博引，务求得出最可信的判断，他所引述的经、史典籍及前人注疏，列明出处者超过四百种。严耕望教授指出：古人抄录前人著作而不一定列明出处，因此道元所征引书籍，必定远超这数目。由于道元生长及仕宦于北魏，北魏政权范围以外的南方长江流域、岭南、云南，他都从未涉足，只能引自南方人士所撰书籍、文献。

道元很重视实地考察，以检核史书的记述是否确当，并据此纠正史书上的不少错误，例如史书上记载，春秋末年晋国大夫智伯说过：汾水可以淹魏氏的都城安邑，绛水可以淹韩氏的都城平阳。道元沿着这两条水考察，发现汾水河床较高，安邑处于其东岸低处，汾水泛滥，可以被淹没；但平阳地势高于绛水河床，绛水淹平阳则绝无可能。他又根据多种文献记载，在"谷水"的注里，辨析前人把涧水错成了渊水。道元虽然是为《水经》作注，但当《水经》有误，道元直接指出错误，例如《水经》称"汶水又西流入济"，他引《淮南子》曰："汶出弗其，西流合济。"高诱云："弗其，山名，在朱虚县东。"道元做出判断："余按诱说是，乃东汶，非《经》所谓入济者也，盖其误证耳。"

道元对当时人的传闻，亦不厌其烦地做出考证，例如在"易水"注中，在"易水又东径易县故城南"之下，先引述阚骃的说法："太子丹遣荆轲刺秦王，与宾客知谋者，祖道（饯别）于易水上。《燕丹子》称，荆轲入秦，太子与知谋者，皆素衣冠送之于易水之上，……疑于此也。"于是后世谈史者认定燕太子丹饯别荆轲的地点在易县的燕下都，但道元做出辨正，他说："余按遗传旧迹，多在武阳，似不

钱此也。"

道元对地理情况观察入微，但也很仔细，并把观察所得记录在注中，例如详细地记录了不少河谷的宽度、河床的深度、含沙量、冰期，以及不同季节的水量和水位变化等，有些地方更提出数据，例如华池"池方三百六十步"之类，提供了可资后世参考的科学信息。

郦道元为《水经》作注，增补资料、考核地理是撰述的重点，但他行文时，经常采用文学笔触，作绘声绘色的描述，其部分章节，被视为中古文学作品的代表，有学者评为："写水着眼于动态"，"写山则致力于静态"，它"是魏晋南北朝时期山水散文的集锦，神话传说的荟萃，名胜古迹的导游图，风土民情的采访录"。郦道元《水经注》的辞藻丰富，仅就描写的瀑布，就有：泷、洪、悬流、悬水、悬涛、悬泉、悬涧、悬波、颓波、飞清等词，可谓变化无穷，其文学价值也足以垂范千载。

《水经注》的内容极其丰富，但阅读并不容易。首先，《水经注》成书于约一千五百年前，书中所记述的河流、地理情况、行政区划以至地名，难免与今日有所差异。千余年来的沧海变迁，古代的一些重要水道，经历过无数次改道，早已湮没消失，《水

经》所载水道，到郦道元时代其中一些已有改变，而《水经注》成书时的一些河流、水道、湖沼，也很有可能在今日已非当年状貌。数千年间，城市的兴衰，地方行政区的废置迁徙，地名的变更，正如郦道元所说："然地理参差，土无常域，随其强弱，自相吞并，疆里流移，宁可一也？"更使现代人阅读《水经注》时增添困难。

其次，《水经注》中记述了大量西周、春秋战国、秦汉、魏晋的史事和人物，距今千年甚至数千年以上。这些史事和人物，对于郦道元时代以至其后熟习传统经史的读书人来说，不少是耳熟能详的典故。但近代教育，已逐渐疏远古典，对这些千年以前的事和人，可能所知甚少，甚至闻所未闻，初接触《水经注》有时会茫无头绪，然而对于有兴趣追寻古史细节的读者，《水经注》是探求这些遥远史事的事发地点、追访这些古代人物活动空间的宝库。

其三，《水经注》全书的结构是经文的注疏形式，因此只能就《水经》的纲领增补细节和考据，行文显得细碎支离，叙事、写景都是点到即止，而且加插了大量典籍文献的引文和考证，不可能一气呵成。《水经注》叙述每条河流，必定从源头开始，向某方向流，流经（径）某地，该地古代有什么历

史大事，有什么前人活动，留下什么史迹、掌故；然后河流再向前流，经某地，再细述当地情况；当遇上另一河流汇入，则从这河流的源头说起，直至与主流会合，再重回叙述主流。假如汇入的河流众多，往往不断追溯支流，而主流的叙述却断断续续，阅读时不易前后呼应。假如阅读时能随手查对地图，则较容易掌握水道的脉络。

其四，《水经注》成书的年代，尚未有印刷术，自成书至北宋中期约五百七十年，只有抄本流传，传抄过程中错漏难免，错简、脱漏在不同版本中常有差异，为后世阅读者增添困难。《水经注》传抄至北宋初已缺五卷，后人将其所余三十五卷重新编定为四十卷。可知的最早《水经注》木刻印刷版本是宋哲宗元祐二年（一〇八七）的"成都府学宫刊本"，宋以后的版本，以明初《永乐大典本》较完整，但由于《永乐大典》的散佚，抄录在《大典》中的《水经注》也有部分缺失。明、清两朝不少学者，曾经依据古代抄本、宋刻残本、《永乐大典》抄本等版本，对《水经注》做细心而且精密的整理、校订，取得重要的成果，并刊行多重校证版本。其中最早刊行的是明朱谋㙔《水经注笺》（刊于一六一五年），以校订为主；晚明钟惺、谭元春的

《评点本水经注》，则着重点评辞章笔法。到了清朝，考据学大盛，《水经注》的整理和考订达到了高峰，重要的成果有全祖望《七校水经注》、赵一清《水经注释》、戴震校勘《水经注》等。而戴震校勘《水经注》成就极大，受清乾隆帝重视，但戴震校勘的《水经注》也引起后世学术界"剽窃"的争论。

戴震校勘魏郦道元《水经注》，始于乾隆三十年（一七六五），至乾隆四十年（一七七五），先后三次校订，历时十年完成，用功极勤。戴震分出《水经注》中的"经"和"注"，并且辑补缺漏字两千一百二十八个，删妄增字一千四百四十八个，更正错字三千七百一十五个，使得《水经注》正本清源，还其本来面貌，深得乾隆帝赞赏，收录于内府刊刻的"武英殿聚珍本"丛书中。及至清末民初，学者王国维对于戴氏质疑，撰写《书戴校水经注后》一文，指斥戴震抄袭赵一清。但胡适为戴震辩护，认为戴震在《水经注》研究方面没有抄袭的嫌疑。然而另一位以研究《水经注》著名的学者杨守敬认同戴氏剽窃的说法，杨氏在《水经注疏》中每每举出实例，点出"此戴袭赵之确证"，例如卷五写道："赵氏不检……而……以订郦氏，大谬。戴氏亦不加详考，竟依改，可晒也。"也就是说，赵氏弄错

了，戴氏也跟着错。学术界为戴氏是否剽窃争论不休，但俱往矣。

当代研究《水经注》的专家陈桥驿教授认为，戴震校勘《水经注》，删去妄增之字一千多个，改正错讹三千多处，补葺阙佚两千多处，足见功夫之深，正如清代著名文字学家段玉裁所说：戴震的成就超卓，"凡故训、音声、算数、天文、地理、制度、名物、人事之善恶是非，以及阴阳、气化、道德、性命，莫不究乎其实"，使千年古籍《水经注》在后世读者面前，展现其超越时代的价值。

晚清学者王先谦的《合校水经注》及杨守敬、熊会贞的《水经注疏》可以说是清代《水经注》考证、校勘的殿军。杨守敬与其弟子熊会贞用毕生精力撰写了《水经注疏》，并且编绘了古今对照、朱墨套印的《水经注图》，二〇一四年凤凰出版社出版有段熙仲点校、陈桥驿复校的《水经注疏》（台北定稿本），为今后研究利用《水经注》提供了方便。民国时，胡适曾经用二十多年的光阴研究《水经注》，写有七十余篇手稿，收于《胡适手稿》一至六集。

一九四九年以后，新的《水经注》校勘、注释版本涌现，而对《水经注》的研究蓬勃发展。当代最重要的"郦学"专家是浙江大学已故陈桥驿教授。

陈氏穷毕生之精力，研究、考证《水经注》，即便在"文革"的艰难时刻，仍然考订、抄写不辍，终成大家，成果丰硕，可以说是当代郦学泰斗、郦学元勋。近十多年来，内地、港、台以及外国学者，对《水经注》的研究和译注，与日俱增，各有长处，不能尽录，现摘要列举《水经注》古今版本和近年部分著述如下（"新视野中华经典文库"之《水经注》用的是陈桥驿教授中华书局校注本，并参以杨守敬、王国维等版本）：

北宋初以前仅有抄本流传

"宋成都府学宫刊本"，元祐二年（一〇八七）刊本，残缺

《永乐大典·水经注》，民国续古逸丛书影印本

田奕等整理:《永乐大典本水经注》，沈阳: 万卷出版社，二〇〇九

朱谋㙔:《水经注笺》（一六一五年刊本）

钟惺、谭元春:《评点本水经注》

全祖望:《七校本水经注》

赵一清:《水经注释》

戴震校勘:《武英殿聚珍本水经注》

张匡学:《水经注释地》

杨守敬、熊会贞:《水经注疏》（影印手稿本），

北京：中国科学出版社，一九五五至一九五七

杨守敬、熊会贞：《杨熊合撰水经注疏》四十卷，影印前"中央图书馆"所藏手稿本，台北：中华书局，一九七一

杨守敬、熊会贞：《水经注图》，朱墨套印木刻本

王先谦：《水经注校》，清木刻本

王国维：《水经注校》（袁英光、刘寅生整理点校），上海：上海人民出版社，一九八四

陈桥驿：《水经注校证》，北京：中华书局，二〇〇七

陈桥驿：《水经注研究》（一、二、三、四集），天津：天津古籍出版社，一九八五；太原：山西人民出版社，一九八七；太原：山西人民出版社，一九九二；杭州：杭州出版社，二〇〇三

陈桥驿：《郦学札记》，上海：上海书店出版社，二〇〇〇

郑德坤：《水经注引得》，北平：哈佛燕京学社，一九三四

段仲熙点校：《水经注疏》附《〈水经注〉六论》，南京：江苏古籍出版社，一九八九

陈桥驿、叶光庭、叶扬译注：《水经注全译》，贵阳：贵州人民出版社，二〇〇九

李岫岩编译:《图解水经注》,西安:陕西师范大学出版社,二〇一〇

陈桥驿、叶光庭注译:《新译水经注》,台北:三民书局,二〇一一

黄忏华:《水经注揖华》,扬州:广陵书社,二〇一三

王守春:《郦道元与〈水经注〉新解》,深圳:海天出版社,二〇一三

跋

为读者开启通往传统经典的大门

二十一世纪是中国踏上"文艺复兴"的新时代，中华文明再次展露了兴盛的端倪。饶宗颐教授曾这样说过："二十一世纪是重新整理古籍和有选择地重拾传统道德与文化的时代"，作为一家出版机构，该如何理解中国传统文化的新发展与新出路？对于中国传统文化的出版与阅读，又该为当今读者提供什么样的新体验呢？

二〇一二年，恰逢中华书局创局一百周年，为纪念百年华诞，同时也为了更好发挥中华书局（香港）有限公司的优势和特点，我们决定在坚守"弘扬中华文化"的创局宗旨基础上，从更具时代特点、更广阔的文化视野出发，邀请大陆及港澳台知名学者，运用新思维、新形式，选编一套面向当代大众读者尤其是青年读者的中华传统经典丛书。

这一构想提出来后，得到了饶宗颐教授及其他一些学术大家的充分认可。我们迅速筹建了以饶宗颐先生为名誉主编，由李焯芬、陈万雄、陈耀南、陈鼓应、单周尧、郑培凯诸教授组成的丛书编委会，经过认真论证，最终确定丛书名为"新视野中华经典文库"，全套丛书共计五十分册，收入五十五种经典，涵盖中国古代哲学、历史、文学、佛学、医学等各个方面。"文库"精选具有传世价值的经典作品

及最佳底本，广邀大陆及港澳台专研精深的学者予以导读、赏析和点评，力图为今天的读者搭建一条沟通古代经典与现代生活的桥梁。

传承文化，责任綦重。成书过程中，我们一直诚惶诚恐，每一本作品都经历了往复讨论、不断修订，几易其稿的过程是艰辛的。幸而有一群学养一流、恳切热忱的作者共襄盛举。他们都是本研究领域的专家、名家，却以一种谦慎的姿态来配合出版方，或说是满足当今读者的要求。他们在反复比较中精选最优底本，采撷精华章节，并参酌其他版本厘定字句乃至标点、读音等细节；特别是为配合普通读者、年轻读者的阅读口味，更力求导读清新流畅、赏析扼要浅白，很多导读读来如一篇优美晓畅的散文，许多点评则令人会心一笑，心有戚戚焉。他们的细致、负责，满溢着对传统文化的热爱以及对传承文化的热切，使人感佩。

悠悠五载，五十册图书终于全部呈现给读者。令我们欣慰的是，丛书陆续推出后，受到了读者的持久欢迎，尤其是每年在香港书展上，都会有不少读者特别是中学生前来问询、购买；同时，这套书也荣幸地被中信出版社看中并引进到内地，出版简体字版本，惠及广大内地读者。

不过，由于编辑学养有限，不免挂一漏万，一些细心的读者给我们写来了邮件，指出错漏。这令我们既感激，又惭愧，唯有及时修订、精益求精，用更负责任的态度和更大的热忱，来回报读者，反馈社会。

为令读者更高效、便捷阅读此套丛书，吸收传统智慧，本局将这五十五本经典的导读抽出，结集为一套四册的《经典之门：新视野中华经典文库导读》系列，分为"先秦诸子""哲学宗教""历史地理""文学"等篇。这套书又被华夏出版社引进到内地。如果说"新视野中华经典文库"是我们希望给读者开启一扇通往古代经典的大门的话，那么这些导读所构成的"精华中的精华"，则是开启这扇经典之门的钥匙。

香港中华书局编辑部
二〇一九年一月